LE GRAND COUP

AVEC SA DATE PROBABLE

C'EST-A-DIRE

Le grand châtiment du monde et le triomphe universel de l'Eglise, probablement le 19-20 Septembre 1896

PAR

UN PRÊTRE DU DIOCÈSE DE MOULINS

> *Vidit ultima, et consolatus est lugentes in Sion.*
>
> Il vit l'avenir lointain. et consola ceux qui devaient être affligés dans Sion.
>
> (*Ecclésiastique*, XLVIII, 27).

VICHY
IMPRIMERIE P. VEXENAT
5, Rue de Paris, 5

1894

PRIX : 1 Fr. 50

Franco par la poste : **1 f. 65** l'exemplaire

Adresser les demandes à M. BOIS, Professeur de Langues, rue Lucas, à Vichy.

LE GRAND COUP

AVEC SA DATE PROBABLE

LE GRAND COUP

AVEC SA DATE PROBABLE

C'EST-A-DIRE

Le grand châtiment du monde et le triomphe universel de l'Eglise, probablement le 19-20 Septembre 1896

PAR

UN PRÊTRE DU DIOCÈSE DE MOULINS

> *Vidit ultima, et consolatus est lugentes in Sion.*
>
> Il vit l'avenir lointain, et consola ceux qui devaient être affligés dans Sion.
>
> (*Ecclésiastique*, XLVIII, 27).

VICHY
IMPRIMERIE P. VEXENAT
5, Rue de Paris, 5

1894

DÉCLARATION DE L'AUTEUR

---

1. Nous sommes en règle avec les lois canoniques pour publier cet ouvrage.

2. Conformément aux décrets des Souverains Pontifes nous condamnons et rétractons d'avance tout ce qui s'y trouverait de contraire à la doctrine catholique. Nous déclarons que les faits et paroles que nous rapportons n'ont qu'une autorité purement humaine, excepté en ce qui aurait été approuvé par le Saint-Siège.

3. Les personnes à qui nous avons soumis cet écrit nous font, malgré nous, l'honneur d'avoir découvert la date CERTAINE. Mais notre titre ne promet que la date PROBABLE, et nous ne cesserons de dire que la date obtenue par nos calculs n'est que probable, très probable si l'on veut, mais rien de plus. Nous ne voulons pas, si l'événement ne justifie point ces calculs, qu'on en tire une conclusion contre l'authenticité de l'admirable prophétie de la Salette.

TABLEAU

ET PLAN DE

Le Grand Coup

CE QU'IL FAUT

ENTENDRE PAR LA

Ire PARTIE

SA CERTITUDE

est démontrée par :

IIe PARTIE

SA DATE

peut être calculée, car :

SYNOPTIQUE

L'OUVRAGE

Ch. Ier, le secret de la Salette,	lequel, intimement lié à l'apparition que l'Eglise croit certaine, dit que *la terre deviendra comme un désert.*
Ch. II, de nombreuses prophéties modernes	de *Saints*, qui toutes annoncent un *cataclysme universel.*
Ch. III, le 24e chapitre d'Isaïe,	qui concorde de tout point avec la Salette et dit, comme elle, qu'*il restera peu d'hommes sur la terre.*
Ch. IV, la raison philosophique	de la double loi : 1. de *providence.* 2. de *justice.*
Ch. V, le triomphe est proche :	principal élément pour en calculer la date.
Ch. VI, la période de plus de 35 ans, qui doit précéder le triomphe a commencé :	le 29 avril 1859 : démonstration par 1. l'histoire contemporaine. 2. le texte même de la Salette.
Ch, VII, cette période finira :	1. *Certainement* entre 94 et 99 ; 2. *Probablement* le 19-20 septembre 1896. Démonstration par les termes de la prophétie et par des coïncidences merveilleuses qui convergent toutes vers cette *année*, ce *mois*, ce *quantième.*

Lettre à l'Auteur

SUR LES « **Ouvrages de Prophéties** » ET LE PRÉSENT OUVRAGE

Le 17 Mai 1894.

Cher Monsieur l'Abbé,

Avant de vous déterminer à faire imprimer votre manuscrit, vous tenez à avoir mon avis, et à connaître l'opinion de « quelqu'un, dites-vous, qui a des préjugés contre les prophéties. »

C'est un travail fort intéressant que vous avez fait là, Monsieur l'Abbé, et je vous remercie de m'en avoir procuré la lecture.

En traitant cette matière assez périlleuse, l'interprétation des prophéties privées, vous n'avez pas suivi la marche de vos devanciers ; et vous avez bien fait. Vous auriez même plus d'une raison de leur en vouloir, car si votre ouvrage se heurte à quelques méfiances, c'est à eux que vous le devrez. Nous en avons trop vus de ces interprètes prétendus de prétendues prophéties, avec leurs enflures de style, leur logique fantaisiste, leur complaisance à tout admettre les yeux fermés, leur hardiesse à supprimer ou à modifier les textes gênants ; ils ont réussi à nous dégouter de ces sortes d'ouvrages, en tout cas à nous rendre excessivement méfiants ; et j'ai peur que ce soit là l'écueil de votre livre. Il serait injuste pourtant, à cause des Trissotins, de nier la littérature française, et à cause des fantaisies de M. Péladan, de prétendre qu'on ne peut rien dire de sérieux sur les sujets dont il s'est occupé. Je ne vous souhaite qu'une chose : qu'on lise deux pages de votre opuscule ; je suis certain qu'alors, sans s'en apercevoir, on ira jusqu'à la table des matières. On aura vu dès la première ligne, qu'on a enfin affaire à un théologien et à un logicien : en pareille matière c'est d'autant plus agréable que c'est plus rare.

Vous commencez par établir le secret de la Salette tel qu'il a été publié il y a quinze ans. Puis vous entamez non pas une divagation, comme c'est d'usage dans ce genre de littérature, pas même un discours, mais une thèse en règle. Vous posez d'abord les principes théologiques des interprétations sérieuses ; puis vous précisez une proposition dont vous établissez les preuves, preuves de tous genres qui graduent leurs conclusions du probable à l'incontestable. Tous vos lecteurs signaleront une de ces preuves qui a au moins le caractère d'une curieuse originalité : un tableau en trois colonnes, comprenant dans la première tout un chapitre d'Isaïe, une prophétie, celle-là, au dessus de toute contestation ; dans la seconde, la traduction littérale, verset par verset, du texte sacré ; et enfin dans la troisième colonne, une autre traduction mais plus large, et verset par verset encore. Quelle est cette seconde traduction ? C'est la prophétie de la Salette elle-même dans son texte littéral et l'exposé de ses menaces. Vous vous êtes bien gardé d'amoindrir par aucun commentaire cette concordance singulière ; et vous reprenez simplement la trame de votre dissertation. En lisant tout cela, je sentais bien quelques objections qui se faisaient jour dans mon esprit ; mais vous vous êtes fait ces objections avant moi, et quelques lignes plus loin je lisais votre réponse. Votre bonne foi s'impose, vos aperçus ingénieux captivent; ces amas de faits, tombant les uns sur les autres à l'appui de vos dires, car toute l'histoire contemporaine y passe, ces rapprochements subits de textes divers, ce style qui par moment s'échauffe des feux du zèle pour se heurter tout d'un coup à un raisonnement de froide logique, ces souvenirs oubliés et soudainement apportés en preuves, tout cela m'ôtait la liberté de contester encore. Vous dîtes : « La date des événements est flottante entre 1894 et 1899 » *et vous ajoutez :* « c'est certain ». *Je suis forcé de dire avec vous :* « c'est certain ». *Entre ces deux termes, la date précise est le 19-20 Septembre 1896, dites-vous ensuite :* « cela est très probable ». *Et après vous avoir lu je suis tenté de dire :* « c'est plus que très probable ». *Que pourrait-on vous demander de plus ? Si la prophétie est authentique, la conclusion est inévitable. Oui, mais la prophétie est-elle authentique,* absolument ? *Le Secret de Mélanie que vous publiez sur la foi de ceux qui l'ont publié avant vous, ce secret est-il à l'abri de tout soupçon d'interpolation ? C'est là, à mon avis, le défaut de la cuirasse du plus parfait de ces genres de livres.*

Pour les prophéties de l'Ecriture on a, dans leur acceptation doctrinale par l'Eglise une preuve incontestable de leur authenticité. Pour les autres prophéties que l'Eglise n'a pas doctrinalement jugées et approuvées dans leur texte, leur authenticité ne pourra jamais être affirmée sans crainte d'erreur. Certitude morale, autant que vous voudrez, mais rien de plus : en définitive base tremblante. Bâtissez sur cette base, et même bâtissez solidement. La solidité de l'édifice ne solidifiera pas la base : celle-ci est ce qu'elle est, et nous ne saurons ce qu'elle est que plus tard. En d'autres termes, l'authenticité des prophéties privées est soumise à la ratification de l'événement. Si le 19 Septembre 96 l'événement arrive comme vous le dites, comme vous avez pris base sur le texte de Mélanie et que vous avez bâti logiquement sur ce texte, je dirai que vraiment ce texte était authentique : sinon, non ; car une conclusion logique qui se trouve fausse ne peut venir que d'une prémisse fausse.

Cet inconvénient est inhérent à toute interprétation de prophéties qui ne sont pas déclarées de foi par l'Eglise. Ce n'est pas une raison pour qu'on s'interdise d'interpréter ces prophéties-là ; et quand elles fournissent matière à un travail aussi remarquable que le vôtre, quand cette interprétation fournit à l'esprit un aliment à la fois sain et fortifiant, quand après la lecture de ces ouvrages on se sent meilleur et comme sous le coup d'une impression convertissante, alors il me semble, cher Monsieur l'Abbé, qu'une interprétation pareille ne doit pas rester dans l'ombre, mais doit au contraire être livrée à la publicité pour être, comme le dit si bien votre épigraphe, la consolation de ceux qui sont affligés dans Sion.

Veuillez agréer, etc.

AVANT-PROPOS

On a abusé des prophéties de deux manières : premièrement en publiant de fausses prophéties ; secondement, en interprétant les vraies à la légère, c'est-à-dire avec une idée préconçue. C'est par ce dernier abus qu'on est arrivé à fausser les avertissements célestes, à les faire mentir et, par suite, à en dégouter tout le monde.

Ne parlons pas des *fausses* prophéties des Marie Julie, des Berguille, des Théophile Restaux, des Joséphine Reverdy, des religieuses de Patay, etc. ; ne parlons pas davantage des écrivains qui se sont constitués les chevaliers de ces prétendues visionnaires.

Si les *vraies* prophéties ne se sont pas réalisées et ont trompé l'attente publique c'est qu'on leur a fait dire ce qu'elles ne disaient pas.

L'erreur n'est pas dans la prophétie mais dans l'interprétation donnée sans une étude sérieuse du texte et de l'histoire ; dans les dates qu'on détermine, qu'on affirme sans preuves à l'appui, et qu'on est toujours porté à avancer (1) ; l'erreur, faut-il le dire ?

(1) La prophétie de la Salette a été victime de ces interprétations hâtives. Ainsi, dans un travail très étudié et l'un des plus sérieux sur cette prophétie, publié en 1881 par M. Amédée Nicolas, du barreau de Marseille, je trouve l'indication formelle de 1881 comme date des événements prédits. Pourquoi cette année plutôt qu'une autre ? Simplement parceque la Sainte Vierge avait parlé de 35 années de calamités et que 1846 + 35 = 1881. Il arriva que cette année 1881 s'écoula comme les autres, un peu moins inaperçue peut-être à cause de son bagage un peu lourd de tentatives criminelles,

a été plus d'une fois dans de légères altérations des textes, que des auteurs se sont permises, avec une certaine bonne foi, pour donner à ces textes du *relief* et préciser ce qu'ils se sont figurés être la pensée du prophète. Ainsi les voyants avaient annoncé que le Seigneur ramènerait en France le *Prince donné par Dieu*, mais ils n'ont jamais dit le *Prince Dieudonné*, prénom du comte de Chambord. Les auteurs auxquels je fais allusion (ils sont nombreux) croyant, dans leur foi légitimiste, qu'il s'agissait là d'Henri V, ont fait cette toute petite inversion, pour mieux *préciser*.

Autre exemple : la vénérée Mère du Bourg, dont nous aurons l'occasion de citer une prophétie, a toujours dit qu'Henri V ne régnerait jamais à Paris. Ils ont traduit : la Mère du Bourg a toujours annoncé qu'Henri V régnerait, mais pas à Paris. Ils auraient pu aussi bien traduire qu'il ne régnerait pas du tout. Pourquoi encore traduire **Juvenis captivatus** *qui recuperabit coronam lilii* (Prophétie de S. Césaire) par : un prince *exilé dans sa jeunesse* qui recouvrera la couronne du lis, et s'écrier : « qui ne voit ici Henri V clairement désigné ? » Quand on écrivait cela, en 1881, **Juvenis captivatus** désignait clairement, en effet, Henri V, vieillard de plus de 60 ans, et qui n'avait jamais été captif !

La prophète d'Orval parlant au Grand Roi, « rejeton de la Cape, qui terminera encore de longues

---

Les défenseurs de la Salette désappointés ne surent qu'en penser ; mais pour cette date avaient-ils bien examiné le texte ? Au contraire, ils étaient partis, sûrs d'eux-mêmes, d'une idée préconçue : que l'ère des fléaux devait commencer en 1846 ; pour quel motif ? Ils avaient oublié de le dire. J'ai cru devoir prendre un autre point de départ. Je ne demande pas qu'on l'admette les yeux fermés ; mais j'ai le droit de prier le lecteur de peser mes raisons.

divisions » l'apostrophe ainsi : « Dieu aime la paix ! Venez **jeune prince !** Quittez l'île de la captivité, etc. » Comment les mêmes auteurs rendront-ils ce texte conforme à leurs espérances légimistes, car depuis longtemps Henri V n'est plus jeune, et d'ailleurs il n'habite pas dans une île ? — Il n'est plus jeune, c'est vrai, mais il l'a été, donc on peut intercaler dans le texte : « jeune, c'est-à-dire, exilé **dans sa jeunesse** » ; il n'est pas dans une île, c'est vrai, mais une île c'est une terre, donc on peut mettre : « quittez l'île (**ou la terre**) de la captivité. » (! ! !)

Et voilà comment on fait mentir les prophéties en voulant les améliorer ; voilà ce qui a discrédité depuis plus de vingt ans nos prophéties modernes les plus respectables ; voilà pourquoi ces avertissements célestes sont accueillis de plusieurs, maintenant, le sourire sur les lèvres. Un siècle pourtant n'est jamais moins favorisé de prophéties vraies que de miracles vrais. « Et quel temps fut jamais plus fertile en miracles » que le nôtre ?

Croyons donc aux événements annoncés, quand nous pourrons avoir le texte **authentique** du prophète, et le dégager des commentaires d'interprètes trop zélés, ce qui n'est pas toujours facile. Mais on me rendra, j'espère, cette justice : je ne cite dans cette brochure que des prophéties sérieuses et je les interprète d'une manière sérieuse.

Le 2 Juillet 1894.

LE GRAND COUP

AVEC SA DATE PROBABLE

C'EST-A-DIRE

Le grand châtiment du monde et le triomphe universel de l'Eglise, probablement le 19-20 septembre 1896

Aucun sujet n'est d'un aussi haut intérêt pour la génération présente. Je voudrais démontrer que prochainement Dieu se jouera des persécuteurs de l'Eglise d'une manière fatale pour eux ; qu'il accordera à son Eglise ce grand triomphe tant prédit, auquel la France sera associée ; que ce grand coup de la justice et de la puissance divines arrivera au milieu d'une crise si affreuse qu'on pourra se croire à la fin du monde ; qu'il sera précédé d'un fléau tout nouveau dont Dieu s'est réservé le secret, fléau effroyable, instantané, qui tombera uniquement sur les ennemis de la religion et les anéantira dans le moment où ils voudront anéantir l'Eglise.

Ce n'est pas le désir de satisfaire une vaine curiosité qui m'anime à rédiger et à faire imprimer cette démonstration, c'est surtout une pensée de foi : je voudrais montrer la Providence toujours plus attentive pour son Eglise à mesure que grandit l'épreuve, *minus enim jacula feriunt quæ prævidentur: et nos tolerabilius mundi mala suscipimus, si contra hæc per præscientiæ clypeum munimur* (S. Grégoire) ; je voudrais que, pleins de confiance, d'obéissance et de piété nous dédommagions notre douce Mère du Ciel du mépris que la plupart des chrétiens, énivrés d'orgueil et d'impiété, font de ses avertissements et de ses larmes. Car il y a eu des larmes dans ses yeux, *gemitus matris tuæ ne obliviscaris* (Eccli. VII, 29). Elle pleurait sur la montagne de la Salette le 19 septembre 1846, veille de N. D. des Sept Douleurs, quand elle daigna apparaître à deux petits bergers ; quand le globe lumineux s'entr'ouvrit et qu'ils la virent, la tête dans ses mains, sur le bord desséché du petit torrent qui depuis n'a pas cessé de couler ; quand elle leur disait : « Si mon peuple ne veut pas se soumettre je suis forcée de laisser aller la main de mon Fils. Elle est si lourde et si pesante que je ne puis plus la retenir ; » quand elle leur prédisait les châtiments qui ne se sont pas fait attendre et ceux plus terribles encore dont le monde entier a le pressentiment et qui sont proches, l'extermination de la majeure partie du genre humain ; quand elle leur confiait le fatal secret et qu'elle ajoutait : à l'heure dite « vous le ferez passer à tout mon peuple », elle pleurait encore, larmes intarrissables comme l'eau qui coulait à ses pieds.

Or ce secret de Mélanie avec ses effrayantes prédictions devait être révélé par elle à une époque déterminée et graduellement. L'humble messagère de Marie a été fidèle à sa mission ; tous les voiles ont été levés. Est-il juste que les paroles de notre Mère, paroles scellées de la sorte par ses larmes, soient perdues pour ses enfants dans le tumulte de notre âge insoucieux : *gemitus matris tuæ ne obliviscaris* ? Le secret intégralement connu aujourd'hui ne doit pas retentir en vain à nos oreilles inattentives, et mon but sera d'y chercher la date des épouvantables événements.

Nous laisserons de côté toutes les questions inutiles ou accessoires : la question du grand pape et du grand roi par lesquels sera consommé, après les tribulations, le grand triomphe de l'Eglise et de la France ; la question de l'opposition passionnée, de la fureur qui éclata contre le divin message dès qu'il parut ; la question du déplaisir du Saint-Siège lorsqu'il vit cette publication précieuse soulever une effroyable tempête dans les rangs de ceux-là même qui auraient dû s'en constituer les défenseurs ; la question de la réforme du monde par le moyen de la divine Miséricorde et de la Justice divine ; la question de savoir si les fléaux seront mitigés ou non, bien que la réforme n'ait pas eu lieu ; même la question de l'insouciance générale qui rappelle celle des hommes du déluge, mangeant et buvant, nous dit l'apôtre saint Pierre, jusqu'au jour où Noé entra dans l'arche. Rien ne nous détournera de notre sujet dont aucun autre n'égale l'importance : prouver la vérité de l'extermination prochaine d'une grande partie du genre humain, et trouver la date précise probable de cette effroyable catastrophe.

I. — Nous prouverons la vérité de cet horrible cataclysme : 1° par le secret de la Salette, 2° par d'autres prophéties respectables, 3° par le 24e chapitre d'Isaïe, 4° par la raison même de sa nécessité pour le salut de l'Eglise et le châtiment de l'impiété.

II. — Nous déterminerons sa date : 1° par un calcul sur texte du secret, 2° par des rapprochements historiques.

PREMIÈRE PARTIE

Vérité et certitude du Grand Coup

Le secret de la Salette. — Les prophéties modernes. — Le 24e chapitre d'Isaïe. — La double loi de providence et de justice.

Il est incontestable qu'aujourd'hui dans les âmes qui veulent réfléchir il règne un certain malaise. On se sent à la veille d'un avenir plein d'événements. C'est quelque chose comme ce travail qui se faisait dans les intelligences à l'époque de César Auguste, quelque chose comme ces pressentiments sinistres qui couraient le monde trois siècles après, dans la décrépitude de l'empire romain, quand le bruit des hommes du Nord commençait à se faire vaguement entendre. L'homme a pris sur la terre une prédominance incompréhensible ; on est comme sous le coup d'un sommeil de Dieu qu'on ne s'explique pas ; on sent que les choses ne peuvent durer de la sorte, et on attend de celui qui paraît dormir un terrible réveil. C'est ce qu'on a appelé le « Grand Coup ». — Qui a jeté ce mot, le « Grand Coup ? » Qu'est-ce que ce mot veut bien dire ?... On ne le sait pas, on ne se le demande pas, et l'angoisse des âmes qui se débattent dans ces incertitudes n'en est pas moins poignante. C'est que des voix du Ciel ont retenti, elle flottent encore dans notre atmosphère. Prêtons l'oreille !

CHAPITRE Ier

VOIX DE LA SALETTE : LE SECRET (1)

« Mélanie, ce que je vais vous dire maintenant ne
« sera pas toujours secret. Vous pourrez le publier
« en 1858.

---

1. On sait que chacun des enfants avait son secret. Cela est *canoniquement* constaté ; car sur la demande de Pie IX les deux secrets lui furent portés, et ce n'est qu'après en avoir pris connaissance qu'il autorisa Mgr de Bruillard, évêque de Grenoble, à publier son mandement doctrinal et à élever une église sur le lieu de l'apparition. — Le secret de Maximin est court. Il est prouvé par le récit officiel de 1846 qu'il lui fut donné en quelques minutes. Il n'a pas encore été publié officiellement. On en connaît plusieurs détails, mais dont l'authenticité ne nous paraît pas être suffisamment démontrée. Le secret de Mélanie a été publié par elle-même en 1879, avec tout le récit de l'apparition. Le secret seul a 12 pages in-12. On savait déjà, en 1846, que le secret de Mélanie était long, car après la disparition de la Belle-Dame, le petit garçon avait dit à sa compagne : « Mais elle a bien tardé à te parler, je n'entendais rien, je ne lui voyais que remuer les lèvres ! Que t'a-t-elle donc dit ?» On sait aussi qu'elle mettait *dix minutes*, montre en main, pour se le réciter à elle-même, sans en comprendre les termes. — La publication de Mélanie a soulevé une véritable tempête, dans les rangs d'une petite partie du Clergé. On est allé jusqu'à accuser cette sainte fille d'être possédée du démon. Mais après un moment de lutte inconsidérée et *maladroite* contre les reproches de la Sainte Vierge, on s'est soumis, la vérité a eu le dernier mot et devait l'avoir : *Quoniam manifestum est et non possumus negare*. Tout prouve que ce document est authentique, et rien ne prouve le contraire.

Du reste la pieuse brochure de Mélanie a été publiée avec l'*imprimatur* de son évêque. Elle a été, en outre, examinée par une commission de Cardinaux et déclarée irréprochable

« .... Malheur aux prêtres
« et aux personnes consacrées à Dieu (1)..........

---

dans sa substance. Ce qui n'aurait pas eu lieu si le secret, qui en est la partie la plus importante, n'eut pas été conforme au texte remis à Pie IX le 18 juillet 1851.

Le secret se compose de trois parties : la première contient les reproches adressés au clergé et aux Communautés ; la deuxième annonce les événements depuis l'année où il était permis de publier le secret jusqu'au grand cataclysme qui précédera immédiatement le triomphe de l'Eglise; la troisième annonce les événements qui se dérouleront ensuite jusqu'à l'extermination de l'Antechrist.

(1) La Sainte Vierge se plaint amèrement des prêtres et des religieux ou religieuses qui mènent une vie mondaine, et elle les menace à plusieurs reprises de la vengeance divine. Evidemment elle parle d'une portion des personnes consacrées à Dieu et non de la totalité. Or, qu'il y ait de mauvais prêtres, et que toujours il y en ait eu, depuis Judas, Arius, Luther, etc.; et que les péchés des personnes consacrées à Dieu attirent sur ces personnes et sur le monde le courroux céleste, ce sont des vérités bien tristes mais qu'on ne peut nier ; le contraire serait incompréhensible. — Ce n'est pas la première fois que le Ciel adresse de ces reproches au clergé et aux Communautés. Nous en trouvons dans les lettres de sainte Catherine de Sienne, dans les écrits de sainte Hildegarde, de sainte Brigitte, de Marie d'Agréda, de la bienheureuse Marguerite-Alacoque, de Catherine Emmerich, de Marie Lataste, de la vénérable Anna Maria Taïgi, etc. Et puis le mot *impiété* ici ne veut pas dire *outrage positif* contre Dieu, il ne dénote qu'un *manque de piété*, en célébrant la S. Messe, défaut bien répréhensible dans une action qui demande une si grande *pureté* de cœur que, pour ce motif, saint François d'Assise refusa de recevoir le sacerdoce. *Ideoque cum tremore et reverentia ad hoc opus est accedendum.* Nous donnerons en latin, à titre de document, les passages du Secret qui n'ont pas d'utilité pour les fidèles.

« *Sacerdotes, ministri Filii mei, sacerdotes malâ suâ vitâ, suis irreverentiis suâque impietate mysteria celebrando sacrosancta, amore pecuniæ, amore honoris et voluptatum, sacerdotes facti sunt impuritatis cloacæ. Sacerdotes, inquam, pœnam commeruerunt, et ecce pœna imminet eorum capitibus. Væ sacerdotibus atque sacratis Deo personis qui infidelitatibus suis malâque suâ vitâ rursum crucifigunt Filium meum. Peccata personarum Deo sacratarum clamant ad cælum vocantque vindictam, et ecce vindicta prope est ad eorum portas, quia jam nemo est supplex*

« Dieu va frapper d'une manière sans exemple.

« Malheur aux habitants de la terre ! Dieu va « épuiser sa colère et personne ne pourra se sous- « traire à tant de maux réunis.

« Les chefs, les conducteurs du peuple de Dieu « ont négligé la prière et la pénitence, et le démon « a obscurci leur intelligence. *Facti sunt sidera « errantia quæ veteris diaboli cauda pertrahet « ut pereant.*

« Dieu permettra au vieux serpent de mettre des « divisions parmi les régnants, dans toutes les « sociétés et dans toutes les familles. On souffrira « des peines physiques et morales ; Dieu abandon- « nera les hommes à eux-mêmes, et enverra des

---

divinæ miséricordiæ et veniæ pro populo. Jam desunt animæ generosæ, jam nullus qui sit dignus offerendi pro mundo ad Deum æternum victimam immaculatam. »

Observons encore que ces expressions hyperboliques sont du style de la Sainte Ecriture. Quand Dieu se plaint des pécheurs, des aveugles, des endurcis, souvent il *généralise.* David disait au ps. 23 *Omnes declinaverunt, simul inutiles facti sunt, non est qui faciat bonum, non est usque ad unum.* Voulait-il dire que tous les hommes de son temps étaient des prévaricateurs ? Certainement non, car il y a toujours eu des saints dans le monde. Et quand saint Paul répétait les mêmes paroles aux Romains (Ch. III. v. 10, 11, 12) combien de saints n'y avait-il pas parmi ces chrétiens de la primitive Eglise ? Mais l'horreur de Dieu pour le péché est si grande, que parfois il semble un instant se détourner avec dégout de l'humanité tout entière ; comme un père, affligé par plusieurs de ses enfants, non pas tous, se plaindra de n'avoir du côté de sa famille *que* des sujets de peine. Ces expressions hyperboliques, qui ont soulevé une sorte de fureur de quelques-uns contre le Secret, n'ont donc pas un sens plus absolu que les textes ci-dessus de David et de Saint Paul, ni que les textes suivants : **Non est** *qui intelligat* — **Nemo est** *qui recogitet corde* — **Nemo est** *justus* ; elles sont une preuve de plus de l'authenticité du Secret, car si l'humble fille n'eut reproduit les expressions mêmes de la Sainte Vierge, ce n'est pas ainsi qu'elle aurait rédigé le Message.

« châtiments qui se succéderont pendant plus de « 35 ans.

« La société est à la veille des fléaux les plus « terribles et des plus grands événements ; on doit « s'attendre à être gouverné par une verge de fer « et à boire le calice de la colère de Dieu.

« Que le Vicaire de mon Fils, le Souverain Pontife « Pie IX, ne sorte plus de Rome après l'année 1859. « Mais qu'il soit ferme et généreux. Qu'il combatte « avec les armes de la foi et de l'amour. Je serai « avec lui.

« Qu'il se méfie de Napoléon. Son cœur est double. « Et quand il voudra être à la fois pape et empe- « reur, bientôt Dieu se retirera de lui. Il est cet « aigle qui, voulant toujours s'élever, tombera sur « l'épée dont il voulait se servir pour obliger les « peuples à se faire élever (1).

---

(1) Cette prophétie faite le 19 septembre 1816, alors que Napoléon était enfermé dans le fort de Ham, pour toute sa vie, fut remise à Pie IX le 18 juillet 1851, presque 18 mois avant que Bonaparte devint empereur. Elle s'est donc remarquablement accomplie par son évasion, son élévation à la présidence, puis à l'empire. « Qui aurait pu prévoir que Louis Napoléon condamné à une prison perpétuelle et prisonnier, serait, peu après, président de la République et empereur ? On aurait ri au nez de celui qui l'aurait cru en 1846 » (Nicolas p. 91) — Il y a plus : dans ces quatre lignes, N. D. de la Salette a dépeint le caractère de Napoléon, sa duplicité, son impiété, son ambition, et toutes les circonstances de sa chute. Un mot d'explication sur chacun de ces points est nécessaire, car cette histoire anticipée du règne de Napoléon III est extrêmement remarquable de concision et de vérité.

Comment le cœur de Napoléon était-il double ? Imbu d'idées révolutionnaires et affilié depuis l'âge de 23 ans à la société secrète des Carbonari qui le menaçait de mort s'il n'obéissait pas aux ordres de la secte ; obligé d'autre part de s'appuyer sur les conservateurs qui avaient aidé à son élévation, il cachait constamment sa pensée ; mais dans le fond ne dévia jamais de la route qui le conduisait à enchaîner

« L'Italie sera punie de son ambition, en voulant « secouer le joug du Seigneur des Seigneurs. Aussi « elle sera livrée à la guerre. Le sang coulera de « tous côtés. Les églises seront fermées ou profa- « nées. Les prêtres, les religieux seront chassés ; « on les fera mourir et mourir d'une mort cruelle.

« Plusieurs abandonneront la foi, et le nombre « des prêtres et des religieux qui se sépareront de « la vraie religion sera grand. Parmi ces personnes, « il se trouvera même des évêques.

« Que le Pape se tienne en garde contre les « faiseurs de miracles, car le temps est venu que les « prodiges les plus étonnants auront lieu sur la terre « et dans les airs.

---

l'Autriche catholique, former l'unité italienne et faire entrer la Révolution à Rome Cependant comme il mettait des lenteurs, dans l'intérêt de sa couronne, à tenir ses serments de Carbonaro, les bombes d'Orsini vinrent les lui rappeler le 14 janvier 1858. Dès lors, il fit, par crainte d'être assassiné, toutes les bassesses et hypocrisies. Plus que jamais il pensait et parlait d'une façon et agissait d'une autre, il faisait de belles promesses au pape et le trahissait sans cesse. *Son cœur était double* !

2° Quand et comment a-t-il voulu se faire pape et empereur tout à la fois ? — Le *livre jaune* de décembre 1869, où se trouvent les pièces qu'envoie ou reçoit le ministère des affaires étrangères contient neuf pièces diplomatiques se rapportant au concile du Vatican. Il en résulte que les divers états catholiques de l'Europe, ne se contentant pas du gallicanisme qui dénie au pape la suprématie et l'infaillibilité pour les donner au concile, se montraient disposés à s'opposer à l'exécution des décisions du concile lui-même, si ces décisions ne leur convenaient pas.

La circulaire du ministre des affaires étrangères de France du 8 septembre 1869 (trois mois avant l'ouverture du concile) dit en effet : « Nos lois elles-mêmes nous offrent, sous ce « rapport, toutes les garanties voulues (garanties contre « l'Eglise, contre le Vicaire de J.-C., contre J.-C. lui-même, « contre Dieu !!!) Elles ont maintenu, en faveur du pouvoir « civil, la faculté qu'il avait déjà dans les époques anté- « rieures de s'opposer à tout ce qui serait contraire à nos

« En l'année 1864, Lucifer, avec un grand nombre « de démons seront détachés de l'enfer. Ils aboli- « ront la foi peu à peu (1)........................

« Les mauvais livres abonderont sur la terre et les « esprits de ténèbres répandront partout un relâche-

---

« franchises nationales. Nous serions donc parfaitement en « mesure de décliner, le cas échéant, celles des décisions « du prochain concile, qui seraient en désaccord avec le droit « public de la France. »

Cette circulaire fut adressée à tous nos agents diplomatiques près les gouvernements catholiques. Elle était suivie, dans le même *livre jaune*, de la réponse de ces agents, et il conste, de ces diverses pièces, que c'est le gouvernement français qui a pris l'initiative auprès des autres Etats ; qu'il leur a communiqué la ligne de conduite qu'il se proposait de suivre à l'égard du concile et de l'Eglise catholique ; que ces Etats, ainsi interrogés et sollicités, ont répondu d'une manière conforme à la demande...

Bref, il résulte de toutes ces pièces imprimées, comprises dans le *livre jaune* de 1869, que Napoléon, refusant l'infaillibilité au Pape, la refusait aussi au Concile, en sorte que, dans cette position, il n'y avait personne d'infaillible sur la terre, si ce n'est les souverains temporels que Napoléon entraînait à sa suite, au schisme et à l'hérésie ! *Voilà comment il se faisait tout à la fois pape et empereur !* Il voulait imposer un dogme nouveau. Dieu, en le renversant, a sauvé la foi en Europe ! (Amédée Nicolas. Nouvelle défense, p. 65).

Troisième question : Comment Napoléon est-il tombé « sur l'épée dont il voulait se servir pour obliger les peuples à se faire élever ? » Il avait activement travaillé à l'unité allemande, voulant, dans son aveugle politique, se servir de cette grande puissance protestante pour tenir en respect les catholiques qui lui faisaient de l'opposition depuis la guerre d'Italie. Il comptait, par ce moyen, se rendre encore nécessaire aux conservateurs tout en continuant secrètement de trahir le Pape. Mais la guerre de 1870 arrive bientôt réaliser la fin de la prophétie : il tombe sur l'épée allemande dont il voulait se servir et perd sa couronne à Sedan. Dieu s'était retiré de lui !

(1) C'est en 1864 que le célèbre spirite Home (Daniel-Douglas), dont tous les journaux du temps ont raconté des *prestiges inouis*, obtint ses premiers succès *aux Tuileries*. Il fut reçu successivement par tous les souverains de l'Europe.

« ment universel pour tout ce qui regarde le service « de Dieu. Ils auront un très-grand pouvoir sur la « nature ; il y aura des églises pour servir ces « esprits ; des personnes seront transportées d'un « lieu à un autre par ces esprits mauvais, et même « des prêtres, parce qu'ils ne seront pas conduits « par le bon Esprit de l'Evangile, qui est un esprit « d'humilité, de charité et de zèle pour la gloire de « Dieu. On fera ressusciter des morts et des justes « (c'est-à dire que ces morts prendront la figure des « âmes justes qui avaient vécu sur la terre, afin de « mieux séduire les hommes. Ces soi-disant morts « ressuscités, qui ne seront autre chose que le démon « sous ces figures prêcheront un autre Evangile, « contraire à celui du vrai Christ-Jésus, niant l'exis- « tence du Ciel), soit encore les âmes des damnés. « Toutes ces âmes paraîtront comme unies à leurs « corps. Il y aura en tous lieux des prodiges extraor- « dinaires, parce que la vraie foi s'est éteinte, et « que la fausse lumière éclaire le monde.

« Malheur aux princes de l'Eglise (1)............

« Le Vicaire de mon Fils aura beaucoup à souffrir « parce que, pour un temps, l'Eglise sera livrée à de « grandes persécutions. Ce sera le temps des ténè- « bres, l'Eglise aura une crise affreuse.

Il faut reconnaître que l'abolition de la foi, depuis 1864, progresse dans le monde d'une manière épouvantable, et que cette œuvre des démons est ici bien caractérisée : « Ils aboliront la foi peu à peu, *etiam ab ipsis personis Deo sacratis. Eas occæcabunt ita ut, absque gratiâ singulari, istæ personæ mentem gerent malorum angelorum istorum. Non una domus religiosa amittet fidem animasque multorum perdet.* » Nous prouverons par d'autres documents, deux pages plus loin, ce déchaînement de l'enfer en 1864 et 1865.

(1) « *Væ principibus ecclesiasticis quibus animus erit unice congerere divitias, imperium tenere et superbe dominari* ».

« La sainte foi de Dieu étant oubliée, chaque « individu voudra se guider par lui-même, et être « supérieur à ses semblables. On abolira les pou- « voirs civils et ecclésiastiques : tout ordre et toute « justice seront foulés aux pieds ; on ne verra « qu'homicides, haines, jalousies, mensonges et dis- « cordes, sans amour pour la patrie ni pour la « famille.

« Le Saint-Père souffrira beaucoup ; je serai avec « lui jusqu'à la fin pour recevoir son sacrifice.

« Les méchants attenteront plusieurs fois à sa vie, « sans pouvoir nuire à ses jours (1) ; mais ni lui ni « son successeur (2) qui ne règnera pas longtemps, « ne verront le triomphe de l'Eglise de Dieu.

« Les gouvernements civils auront tous un même « dessein, qui sera d'abolir et de faire disparaître « tout principe religieux, pour faire place au maté- « rialisme, à l'athéisme, au spiritisme, à toutes sortes « de vices.

---

(1) On a attenté au moins trois fois à la vie de Pie IX. La première, le 16 novembre 1846, il fut assiégé dans son palais par les révolutionnaires. Monseigneur Palma, son secrétaire, fut tué par une balle destinée au pape et tomba raide mort. — La seconde fois, en 1867, les mêmes révolutionnaires firent sauter la caserne *Serristori* adjacente au Vatican, espérant que Pie IX périrait dans la ruine de son palais, mais l'un des dépôts de poudre ne partit pas, et le palais resta debout. — Le troisième attentat eut lieu à Sainte Agnès, hors les murs : une voute minée s'écroula ; Pie IX n'eut encore aucun mal. Les méchants ne purent nuire à ses jours.

(2) Après « successeur » est sous-entendu le mot « *Celui* » — En effet « qui ne règnera pas longtemps » ne pouvant désigner le pape Léon XIII, dont le règne est déjà long, désigne nécessairement un autre successeur de Pie IX, un pape qui, probablement, ne fera que passer. Et c'est après le règne très court de ce pape qu'aura lieu le triomphe.

« Dans l'année 1865 (1)... le démon se rendra comme
« le roi des cœurs.

« Que ceux qui sont à la tête des Communautés « religieuses se tiennent en garde pour les personnes « qu'ils doivent recevoir, parce que le démon usera « de toute sa malice pour introduire dans les Ordres « religieux des personnes adonnées au péché : car « les désordres et l'amour des plaisirs charnels « seront répandus par toute la terre.

---

(3) « *Anno 1865 abominatio videbitur in locis sanctis. In monasteriis flores Ecclesiœ erunt putrefactœ ; et dœmonium se efficiet sicuti regem cordium.* » Les années 1864 et 1865 dénoncées dans le secret ont été, de fait, signalées par des événements dénotant une très forte action diabolique contre l'Eglise, ses dogmes, sa morale, ses institutions et même contre son existence. « En 1864, fut répandue partout, en nombre incalculable, sous l'inspiration de l'Empereur, l'édition populaire de la *Vie de Jésus*, de Renan, à l'effet d'enlever toute *foi* au peuple. Dans la même année furent publiés *le Maudit, la Religieuse, le Jésuite et le Moine*... dûs à la plume d'un mauvais prêtre... Dans la même année fut faite la Convention du 15 Septembre qui préludait au dépouillement et à l'Emprisonnement du Pape... En 1865 fut prononcé le fameux discours d'Ajaccio... et fut proclamé par l'Empereur l'*Empire Arabe*. Peu après on vit surgir un livre écrit par un savant français, *en faveur de Mahomet, de la Mecque et du Coran*, contre Notre Seigneur Jésus-Christ, Rome et l'Evangile... Dans ce même temps fut fondée et établie l'*Internationale*. Alors furent publiés par l'ex-abbé Alphonse-Louis Constant, chef de la société des *Grands Mages*, à Paris, divers écrits diaboliques, sous le nom emprunté d'Eliphas-Lévy: Alors enfin furent composés, par Jean-François Rivail, sous le pseudonyme d'Allan-Kardec, le *Livre des Médiums*, *l'Imitation de l'Evangile selon le spiritisme*, *le Livre des Esprits*, *le Ciel et l'Enfer*, et *Qu'est-ce que le Spiritisme*? Ces affreux petits livres, composés sous la dictée du diable, avec un art infernal, pénétrèrent, on s'en souvient, jusque dans les couvents pour entreprendre d'y abolir la foi. Les années 1864 et 1865 sont donc marquées et caractérisées par une formidable attaque de l'enfer contre l'Eglise. (Amédée Nicolas). En cet état il n'est pas étonnant que le démon ait réussi en plusieurs endroits à se rendre comme le roi des cœurs.

« La France, l'Italie, l'Espagne et l'Angleterre « seront en guerre. Le sang coulera dans les rues. « Le Français se battra avec le Français, l'Italien « avec l'Italien ; ensuite il y aura une guerre géné- « rale qui sera épouvantable. Pour un temps Dieu ne « se souviendra plus de la France ni de l'Italie par « ce que l'Evangile de Jésus-Christ n'est plus connu. « Les méchants déploieront toute leur malice. On se « tuera, on se massacrera mutuellement jusque dans « les maisons.

« Au premier coup de son épée foudroyante, les « montagnes et la nature entière trembleront d'épou- « vante, parceque les désordres et les crimes des « hommes percent la voûte des cieux. Paris sera « brûlé et Marseille engloutie. Plusieurs grandes « villes seront ébranlées et englouties par des trem- « blements de terre. On croira que tout est perdu, « on ne verra qu'homicides, on n'entendra que « bruit d'armes et que blasphèmes. Les justes « souffriront beaucoup. Leurs prières, leurs péni- « tences et leurs larmes monteront jusqu'au Ciel et « tout le peuple de Dieu demandera pardon et misé- « ricorde, et demandera mon aide et mon interces- « sion. Alors Jésus-Christ par un acte de sa justice et de « sa grande miséricorde pour les justes, commandera « à ses anges que tous ses ennemis soient mis à mort. « Tout à coup, les persécuteurs de l'Eglise de Jésus- « Christ et tous les hommes adonnés au péché péri- « ront, et la terre deviendra comme un désert. Alors « se fera la paix, la réconciliation de Dieu avec les « hommes. Jésus-Christ sera servi, adoré et glorifié : « la charité fleurira partout, les nouveaux rois seront « le bras droit de la Sainte Eglise qui sera forte, « humble, pieuse, pauvre, zélée et imitatrice des « vertus de Jésus-Christ. L'Evangile sera prêché « partout et les hommes feront de grands progrès

« dans la foi, parcequ'il y aura unité parmi les « ouvriers de Jésus-Christ et que les hommes « vivront dans la crainte de Dieu. (1).

« Cette paix parmi les hommes ne sera pas longue. « Vingt-cinq ans d'abondantes récoltes leur feront « oublier que les péchés des hommes sont la cause « de toutes les peines qui arrivent sur la terre.

« Un avant-coureur de l'Antechrist, etc.

« Ce qui suit ne concerne plus notre sujet. (2) La Très Sainte Vierge résume rapidement les événements qui suivront cette rechute du monde dans le mal : guerre du précurseur de l'Antechrist contre l'Eglise ; malheurs et punitions diverses ; une fausse paix ; nouvelles abominations dans les lieux saints ; naissance de lA'ntechrist ; bouleversement des saisons ; mouvements irréguliers des astres ; mouvements convulsifs de la terre ; perte absolue de la foi dans la cité de Rome qui deviendra le siège de l'Antéchrist ; l'Eglise éclipsée ; prédication d'Hénoch et d'Elie ; fléaux épouvantables ; les hommes appellent la mort ; disparition de Rome et de trois villes consumées par le feu du ciel ; mort d'Hénoch et d'Elie ; tout l'univers frappé de terreur devant l'Antechrist ; le soleil s'obscurcit : « Voici le temps, « termine la Sainte Vierge, l'abîme s'ouvre. Voici le « roi des rois des ténèbres. Voici la bête avec ses

---

(1). La seconde moitié de cet alinéa nous a décrit le grand coup et puis la fin merveilleuse, surnaturelle, de cette époque malheureuse dans laquelle nous sommes très-avancés. Voilà le vrai triomphe de l'Eglise tel qu'il est décrété et voulu par Dieu, et non tel que le désirent certains chrétiens, et que parfois des prêtres même se l'imaginent. *Quid enim prodesset diabolum à Deo vinci, nobis manentibus superbis* ? (Saint Bernard).

(2) Mais nous donnerons la fin du secret, à titre de document, en Appendice.

« sujets, se disant le sauveur du monde. Il s'élèvera
« avec orgueil dans les airs pour aller jusqu'au Ciel.
« Il sera étouffé par le souffle de saint Michel
« Archange. Il tombera, et la terre qui, depuis trois
« jours, sera en de continuelles évolutions, ouvrira
« son sein plein de feu. Il sera plongé pour jamais,
« avec tous les siens, dans les gouffres éternels de
« l'enfer. Alors l'eau et le feu purifieront la terre et
« consumeront toutes les œuvres de l'orgueil des
« hommes, et tout sera renouvelé. Dieu sera servi et
« glorifié ».

Ainsi finit le Secret ; sans parler de la fin du monde, laissant plutôt entendre que la fin du monde ne viendra pas de suite après l'Antechrist. C'est un sentiment qui a pour lui de grandes autorités. Cornélius, commentant le verset 12 du XIIe chap. de Daniel, *Beati et felices qui post mortem Antichristi vixerint*, dit qu'il est probable qu'il y aura après l'Antechrist un temps assez long de triomphe éclatant et universel pour l'Eglise. C'est aussi l'opinion de Bossuet. Elle semble confirmée par Isaïe (LIX. 20 -- 21) et par un grand nombre de passages des Livres Saints qui annoncent, avant la fin du monde, le règne même temporel du Christ.

Mais il n'entre pas dans notre plan de traiter cette question si intéressante soit-elle.

CHAPITRE II

PROPHÉTIES MODERNES

Le mot de la Salette n'a pas été un mot isolé : ça été au contraire comme la péroraison d'un long discours de la Providence. Car Dieu ne cesse pas de parler. Autrefois il parlait par les prophètes dans le premier Testament et les apôtres disaient : Aujourd'hui il est venu parler lui-même. Dans le second Testament il n'a pas cessé de parler par des prophètes encore, et ce qu'il y a de particulier dans le fait de la Salette c'est que les hommes de notre temps peuvent dire : Aujourd'hui il nous parle par sa Mère. L'harmonie des prophéties ne cesse jamais dans l'Eglise, et le chant de la Salette n'est autre chose qu'une voix plus mélodieuse et plus entraînante dans ce vaste concert, le chant de notre Mère du ciel. Recueillons, mais dans notre siècle seulement, les harmonies éparses qui ont comme préparé ce dernier chant.

Joseph de Maistre écrivait il y a 80 ans : « Il faut nous tenir prêts pour un événement immense dans l'ordre divin... Des oracles redoutables annoncent que les temps sont arrivés. » Il ajoutait que la génération avec laquelle il vivait ne verrait pas ces choses : c'est donc nous qui allons les voir.

Ces oracles auxquels le grand penseur chrétien faisait allusion, ces oracles que malgré son génie il étudiait, sont de nombreuses prophéties, dont les unes fort anciennes, d'autres toutes récentes, annonçaient que le 19e siècle ne finirait pas sans un coup terrible, tel que le monde n'en a jamais vu. Bien d'autres prophéties sont venues, depuis, confirmer celles auxquelles de Maistre croyait fermement. Donc, osons le dire, ce qui nous donne la certitude absolue des prédictions terribles de la Salette, ce n'est pas seulement la grande autorité de cette divine prophétie étroitement liée à l'apparition que l'Eglise croit certaine, c'est aussi que d'innombrables prophéties, et très respectables, ont annoncé ces mêmes événements (1). On pourrait presque

(1) Les prophéties d'origine divine se démontrent par leur accomplissement ; or ces prophéties se sont accomplies jusqu'ici, non seulement dans leur ensemble, à savoir, la

affirmer que tous les voyants, depuis plus d'un siècle, tous les personnages morts en odeur de

---

longue période des malheurs actuels ; mais encore dans plusieurs détails. Par exemple : « *Pauvre Louis Philippe,* disait Rosa Ardente, religieuse dominicaine du couvent de Taggia, près Nice, morte le 6 juin 1847, *tu t'enfuiras un jour de la France pour aller mourir en Angleterre* » — « La persécution commencera par les Jésuites. Les religieux seront chassés et dépouillés » (La même) — Pie IX proclamera le dogme de l'Immaculée Conception. Avant de mourir il verra ses ennemis disparaître les uns après les autres (Marie Lataste 1842) — Pie IX mourra l'année où les Russes toucheront à Constantinople (V. Curé d'Ars) — Victor Emmanuel mourra *colle scarpe*, avec les souliers (Un paysan). Anna Taïgi avait dit *colle pantufole*, avec les pantoufles. Cette minime circonstance s'est réalisée. Le matin du 9 janvier 1878, Victor Emmanuel indisposé voulut, malgré le conseil des médecins, se lever : on l'habilla, on le *chaussa* et il mourut dans un fauteuil. — La haine contre le clergé ira toujours croissante (Plusieurs textes) — Tout semblera bouleversé au point que Dieu semblera ne plus s'occuper des hommes (V. Bernard Clausi) — En ce temps-là il n'y aura plus de distance ; les plus lourdes voitures marcheront sans chevaux et voleront avec la rapidité des oiseaux ; on se parlera d'un bout du monde à l'autre dans une minute. Alors le luxe sera tellement grand que les marchandes de lait porteront des tabliers de soie et que les femmes ne sauront plus comment s'habiller *(Santa Sybilla ;* livre qui parut en Allemagne dans les premières années de l'Imprimerie. Des vieillards se souviennent d'avoir lu, dans leur enfance, ce détail qui les avait frappés davantage : quand on se parlera d'un bout du monde à l'autre en un instant, il viendra de grands malheurs sur la terre) — Enfin, on sait que S. Labouré avait prédit, dès 1830, la guerre de 70 et la Commune avec les détails suivants : la croix sera méprisée, les rues seront pleines de sang, l'archevêque mourra, il y aura des victimes dans le clergé de Paris et dans les Communautés, mais pas dans les deux familles de S. Vincent. Tout cela s'est réalisé. Sœur Labouré avait ajouté : « puis dix ans, puis la paix : » mais cette addition ne se trouve que sur une copie : elle manque donc d'authenticité. Si la lumière intérieure qui avait indiqué *clairement* à S. Labouré l'année 1870, lui eut indiqué *clairement* aussi « puis dix ans, puis la paix, » ce détail important n'aurait été omis sur aucune copie.

sainteté, tous les serviteurs de Dieu déclarés vénérables par l'Eglise, ou déjà béatifiés et même canonisés, ont prophétisé l'époque malheureuse dans laquelle nous sommes, et qu'elle finirait par un coup de foudre de la justice divine.

1. St Benoit Labre voyait souvent le feu parcourir la France, et disait que Paris sera détruit à cause de ses blasphèmes.

2. Le vén. curé d'Ars, après avoir annoncé la guerre de 70 et la Commune ajoutait : « La grosse « affaire n'est pas passée. Paris sera changé, et aussi « deux ou trois autres villes. Paris sera démoli et « brûlé tout de bon ; pas tout entier cependant... « Il y aura une limite que la destruction ne franchira « pas... On croira cependant que tout est perdu, « et le bon Dieu sauvera tout.... Ce ne sera pas « long... Les ennemis reviendront et détruiront tout « sur leur passage ; on ne leur résistera pas, mais « après cela on leur coupera les vivres et on leur « fera éprouver de grandes pertes.... Cette fois « on se battra tout de bon... Oh ! comme ils se « battront ! On les chassera vers leur pays... Et il « n'y en aura guère qui y rentreront... Alors on leur « reprendra tout ce qu'ils auront enlevé et même « beaucoup plus... »

3. Le Père Necktou (1), mort en odeur de sainteté

(1) Le P. Necktou était regardé par les religieux de la Compagnie de Jésus à laquelle il appartenait, comme un saint et comme un prophète. C'est ce qu'on peut voir dans la vie de Mgr d'Aviau de Sanzai, mort archevêque de Bordeaux, écrite par Mgr Lyonnet, archevêque d'Albi — En 1764, le P. Necktou prédit à Mgr d'Aviau, alors tout jeune enfant, qu'il parviendrait au siège d'une florissante cité, tout près d'un grand fleuve. — Il a ressuscité un enfant qu'une mère lui apporta à la maison de la compagnie de Poitiers. — Mme Geoffray, décédée en 1842, supérieure des

dans la première révolution, disait en parlant de notre époque : « Il se formera en France deux « grands partis, qui se feront une guerre à mort ; « le plus faible triomphera. *Il y aura alors un « moment si affreux qu'on se croira à la fin du « monde*... Les méchants ne prévaudront pas. Rien « à faire sinon de persévérer, chez soi, dans la « prière... Dans ce *bouleversement qui sera géné- « ral et non pour la France seulement*, Paris sera « détruit. A la suite de cet événement affreux, tout « rentrera dans l'ordre... *Le triomphe de l'Eglise « sera tel, qu'il n'y en aura jamais plus de sem- « blable*.

4. L'abbé Souffrant avait prédit les événements de 1815 et de 1817 (1). Interrogé par ses amis sur l'avenir, il répondit entr'autres choses : « Vous « entendrez plusieurs cris : Vive la République ! « puis, Vive Napoléon !... Enfin, Vive le grand « monarque que Dieu nous garde !... Avant le grand « monarque, des malheurs très grands surviendront. « Le sang coulera par torrents dans le Nord et dans « le Midi. Je vois couler le sang dans certains « endroits comme la pluie par nos jours d'orage... « Paris sera détruit par une guerre d'extermination « que se feront deux mauvais partis. L'Ouest sera « épargné, à cause de sa foi. *Il viendra un moment « où l'on croira tout perdu* ; *c'est alors que tout*

Dames du Sacré-Cœur à Lyon, à l'âge de 82 ans, certifiait que le P. Necktou consulté par elle en 1783, lui avait prédit qu'elle serait religieuse dans un institut dont la fondatrice jouait alors à la poupée (Mme Barat avait alors 3 ou 4 ans).

(1) Ce saint prêtre, curé de Maumusson, au diocèse de Nantes, avant la Révolution, et mort en 1828, a fait des prédictions qui sont demeurées très populaires dans l'ouest de la France.

« *sera sauvé : il n'y aura pour ainsi dire pas* « *d'intervalle*, le temps de virer une galette... »

5. On se souvient que la sœur Marianne, de Blois, a fait les mêmes prédictions (1) : « Avant le grand « combat, dit-elle, les méchants seront les maîtres ; « ils feront tout le mal qu'ils pourront, mais non « tout celui qu'ils voudront ; ils n'en auront pas le « temps. *Les bons, moins nombreux, seront sur* « *le point d'être anéantis, mais un coup du ciel les* « *sauvera*... Il arrivera des choses telles que les « plus incrédules seront forcés de dire : **Le doigt** « **de Dieu est là !** O puissance de Dieu ! Il y aura « une nuit terrible, personne ne dormira. Ces trou- « bles ne seront pas longs ; s'ils étaient longs « personne n'y tiendrait ; *quand tout semblera* « *perdu tout sera sauvé*. C'est alors qu'arriveront « les courriers portant la bonne nouvelle ; c'est « alors qu'on chantera un *Te Deum* comme on n'en « a jamais chanté ; c'est alors que règnera le *Prince* « qu'on ira chercher et sur lequel on ne comptait « pas. *Le triomphe de la religion après le grand* « *combat sera tel que l'on n'aura jamais rien vu* « *de semblable* ; toutes les injustices seront répa- « rées, les lois civiles seront mises en harmonie « avec celles de Dieu et de l'Eglise. L'instruction « donnée aux enfants sera très chrétienne, les « corporations d'ouvriers seront rétablies, et le

---

(1) La sœur Marianne, morte saintement en 1804, avait prédit tous les grands événements qui ont eu lieu depuis le commencement du siècle : la chute de Bonaparte, les Cent Jours, la mort du duc de Berry et la naissance inattendue du duc de Bordeaux, la révolution de 1830, celle de 1848, la guerre de 1870. En annonçant ces événements, elle est entrée dans certains petits détails qui se sont accomplis à la lettre.

« triomphe de l'Eglise et de la France sera splen- « dide (1). »

6. Les prédictions d'une pieuse voyante de Lyon, Marie des Brotteaux, morte en réputation de sainteté en 1843, à l'âge de 70 ans, ne sont ni moins claires ni moins concordantes : « Telle on a vu commencer « la révolution, telle on la verra finir, mais plus « promptement, *par un prodige qui étonnera l'uni « vers, et où les méchants seront châtiés d'une « manière épouvantable*... Paris sera réduit comme

---

(1) « Cette prospérité durera-t-elle longtemps ? » demanda Mlle de Leyrette (sœur Providence) alors âgée de 25 ans. — « Ah ! répondit sœur Marianne, vous n'en verrez pas la « fin, ni les religieuses qui seront avec vous. »

Sœur Providence en avait conclu qu'elle ne mourrait pas avant le triomphe. Quand donc elle mourut, vers 1874, ce fut un scandale : on méprisa, depuis, la prophétie de Blois. Mais à tort ; car sœur Marianne n'avait pas prédit que Mlle Leyrette vivrait jusqu'au triomphe. La réponse ci-dessus prouve seulement que la fin de cette période de prospérité était si éloignée, qu'en *supposant* que sœur Providence la vit commencer, certainement ni elle ni ses compagnes ne la verraient finir. Quand saint Paul écrivait aux Thessaloniciens (chapitre IV) : « Nous qui vivons et qui sommes réservés pour l'avènement du Seigneur nous ne devancerons point ceux qui sont morts. Car... ceux qui seront morts en Jésus-Christ ressusciteront les premiers. Puis nous autres, qui sommes vivants, et qui aurons été réservés jusqu'alors, nous serons emportés avec eux sur les nuées, pour aller dans les airs au devant de Jésus-Christ, etc.» Quand saint Paul écrivait cela, est-ce qu'il prédisait que lui et les Thessaloniciens vivraient jusqu'à la fin du monde ? Evidemment non ; mais seulement ce qui arrivera aux fidèles qui vivront alors. Prenons donc garde de ne faire dire aux prophéties que ce qu'elles disent clairement et expressément. C'est ce que l'apôtre saint Jean observait à propos d'une parole de Notre-Seigneur de laquelle les disciples avaient conclu que l'apôtre bien aimé ne mourrait point ; il faisait remarquer que le divin Maître *n'avait pas dit cela. Exiit sermo iste inter fratres quia discipulus ille non moritur. Et non dixit ei Jesus : Non moritur, sed : Sic eum volo manere donec veniam, quid ad te ? (Joan* XXI. 23.)

« Sodome et Gomorrhe ; et ce qui restera de ses « habitants se réfugiera à Lyon... Quand on verra « leur fuite, le grand événement sera proche... Grand « combat près de Lyon dans la vallée de Saint-Fons... « Les étrangers seront repoussés. Au moment où « Dieu voulut commencer sa justice, j'entendis un « coup de tonnerre si extraordinaire que la terre en « fut ébranlée. Ce sera le signal auquel les bons « chrétiens connaîtront que l'heure est arrivée pour « le *grand coup final... L'événement qui terminera « la révolution sera si effrayant qu'on se croira « à la fin du monde...* Les méchants voudront tuer « tous les bons *dont ils auront fait des listes* ; « mais ils seront frappés d'aveuglement, renversés « par une force divine, et s'entretueront.

« 7. Marie des Terreaux, également de Lyon, humble fille douée de l'esprit prophétique, morte en 1832, à l'âge de 21 ans, a fait les mêmes prédictions, dans des termes parfois identiques. La scène dont elle eut une vision se passe dans une plaine des environs de la ville : «... Le combat fut épouvantable « et vint comme s'éteindre à l'entrée de la place « Bellecour. Presque tous les méchants périrent. « *Après avoir entendu avant le combat, une voix « terrible qui criait :* **Tout est perdu !** *tout à « coup j'entendis une voix douce et agréable qui « disait* : **Tout est sauvé !**

« J'ai vu des hommes qui revenaient du grand « combat ; ils disaient : Comment avons-nous pu « échapper à ce grand massacre ? — Les uns se tou- « chaient la poitrine, d'autres le côté, et, trouvant avec « étonnement des croix, des médailles, des reliques, « ils s'écriaient : Ah ! c'est ma femme, c'est ma fille, « c'est ma sœur qui les ont placées dans mes habits, « voilà ce qui nous a préservés, et ils se convertirent,

« Au moment où la France sera châtiée d'une « manière terrible, **tout l'univers** le sera aussi. On « ne m'a pas dit comment.

« Il m'a été annoncé qu'il y aurait des événements « si effrayants, que ceux qui n'en auraient pas été « prévenus... penseraient être à la **fin du monde.** « Mais tout à coup la révolution finira par un grand « miracle qui fera l'étonnement de l'univers ; le peu « de méchants qui restera, se convertira...»

8. Le laboureur Martin, à force d'instances de l'archange Raphaël, alla, en 1817, prévenir Louis XVIII que la profanation du dimanche, le manque de respect des choses saintes, les désordres du carnaval et l'absence de pénitence pendant le carême enflammaient le courroux divin, et que la France serait accablée de maux si ces désordres continuaient. « Si l'on ne fait pas ce que je dis, lui « répéta plusieurs fois l'archange... **la majeure « partie du peuple périra**, la France sera livrée en « proie et en oppobre à toutes les nations... »

9. La vénérée Mère du Bourg entendit de la bouche de Notre Seigneur les mêmes plaintes et les mêmes menaces (1).

---

(1) La vénérée mère du Bourg, fondatrice de la Congrégation des Sœurs du Sauveur et de la Sainte-Vierge, a été l'âme la plus comblée de faveurs surnaturelles dans ce dix-neuvième siècle. Presque jamais ses fréquentes extases ne se terminaient sans que son corps affranchi des lois de la pesanteur. ne s'élevât de terre à la vue de ses filles, heureuses des dons extraordinaires accordés à leur Mère. Que de fois aussi, l'avenir a été dévoilé à cet ange de la terre, qui appelait les anges du ciel ses frères!... Elle est morte à la Maison-Mère de la Souterraine (Creuse), en 1862. Le procès diocésain pour sa béatification est commencé.

J'écrivis le 14 février 1894 à la T. R. Mère générale pour qu'elle voulut bien me confirmer l'authenticité de la prédic-

« Le Seigneur m'a fait des plaintes d'une manière « terrible ; il se plaint de cette fureur à chercher le « plaisir : il se plaint des danses scandaleuses, de « l'indécence et du luxe des parures... l'autorité « divine est entièrement méconnue... aussi l'ordre « n'est que factice... Il y aura dans notre France un « **renversement effroyable !** Cependant ces jours « seront abrégés en faveur des justes. Dieu élèvera « sur le trône un roi modèle, un roi chrétien... la « religion consolée refleurira, et tous les peuples « béniront le règne du prince donné par Dieu ; « mais ensuite le mal reprendra le dessus et durera « plus ou moins jusqu'à la fin des temps. La lumière « d'en haut ne m'a pas été donnée pour les derniers « événements du monde dont parle l'Apocalypse ».

Il n'y a pas que les voyants français qui aient annoncé ces châtiments universels et le miraculeux triomphe de l'Eglise.

10. La vénérable Dominique Patri vît le 4 janvier 1797 notre divin Rédempteur se lamentant parce que la corruption humaine inondait la terre et s'étendait à toutes les classes de la société. — « Cela ne peut « continuer, lui dit Jésus, cela ne peut plus marcher « ainsi. Il faudrait que je refisse un nouveau monde ». — Au 23 février de la même année, après lui avoir annoncé qu'un *épouvantable châtiment* menaçait la terre, il lui répéta à deux reprises différentes : « Cent

---

tion ci-dessus, publiée par un neveu de la vénérée fondatrice. Elle me répondit : « Une partie de ces détails ont été repro- « duits dans la Vie de notre fondatrice. Quant aux détails « personnels et intimes qui la concernent, et à ses commu- « nications secrètes, il nous est défendu de les livrer, le « procès diocésain entamé pour la béatification, etc. » voir sa Vie, par l'abbé Bersange, publiée en 1891.

années ne s'écouleront pas. » Or, les cent ans se termineront en 1897.

11. La vénérable Maria Taïgi, morte en 1837, si célèbre par le don unique et sans exemple dans la vie des Saints de voir dans un soleil mystérieux, placé à quelques pieds d'elle, non seulement ce qui se passait d'un bout du monde à l'autre, mais encore les secrets de l'avenir et l'état des âmes d'outre-tombe, parlait souvent au prêtre, son confident, de la persécution que l'Eglise doit traverser, et de la malheureuse époque où l'on verrait une foule de gens, que l'on croyait estimables, se démasquer. Elle demanda quelquefois à Dieu quels seraient ceux qui résisteraient à cette terrible épreuve? Il lui fut répondu : « Ceux auxquels j'accorderai l'esprit d'humilité. »

C'est pourquoi Maria Taïgi établit dans sa famille l'usage de réciter après le Rosaire du soir, trois *Pater*, *Ave*, *Gloria Patri*, à la Sainte Trinité, pour obtenir qu'elle daignât, par sa miséricorde et bonté infinie, « mitiger le fléau que sa justice réservait à ces temps malheureux.» Ce fléau lui avait été manifesté à plusieurs reprises dans le mystérieux soleil. Il plut à Dieu de lui révéler aussi que l'Eglise, après avoir traversé plusieurs douloureuses épreuves, remporterait un « triomphe si éclatant que les hommes en seraient stupéfaits, et que des nations entières retourneraient à l'unité de l'Eglise romaine et que la terre changerait de face ». (1)

(1) On a attribué encore à la vénérable la prédiction de *trois jours de ténèbres*, pestilentielles, horribles, peuplées de visions effroyables. Ces ténèbres feront mourir surtout les ennemis hypocrites ou avoués de la Sainte Eglise. L'air sera alors empesté par les démons, qui apparaîtront sous toutes sortes de formes hideuses. Les cierges bénits préserveront

12. La Mère Agnès Steiner, dont Pie IX et Léon XIII ont reconnu la sainteté, (1) écrivait le 24 octobre 1852 : « J'entends fréquemment les plaintes « du Seigneur ; il me dit : Ce ne sont pas les lumières « qui manquent, mais on refuse d'accomplir ma « volonté. Vois l'état des âmes et de la foi. Regarde « l'Italie et les autres royaumes. Mais ils s'instrui- « ront par les châtiments, et ma main sera aussi sur « le clergé. Combien j'ai de persécuteurs parmi

---

de mort, et leur lumière seule luira dans l'obscurité. Après les ténèbres, la Santa Casa de Lorette sera transportée par les anges à Rome, dans l'église de Sainte-Marie-Majeure. Les Russes seront convertis ainsi que l'Angleterre et la Chine, etc. Toutes ces choses merveilleuses, d'après le témoignage de personnes recommandables, auraient été réellement prédites par la vénérable, et, d'après les indications qu'elle donnait, arriveront avant la fin de ce siècle ; mais elles manquent d'une garantie suffisante d'authenticité. Les documents du procès de béatification n'en font pas mention. Voir : La Vénérable servante de Dieu Anna-Maria Taïgi, d'après les documents authentiques du procès de sa béatification, par le P. Bouffier, de la Compagnie de Jésus : p. 225. — Une autre prophétesse, Canori Mora, décédée à Rome en 1825, fait de la catastrophe une description encore plus détaillée et plus horrible ; mais s'il est possible que sa prophétie soit authentique, les ouvrages où nous la trouvons rapportée sont dépourvus de critique.

(1). La Mère Steiner, née dans le Tyrol en 1813, supérieure et fondatrice des tertiaires cloitrées de saint François, à Nocéra (Ombrie) de 1842 à 1863, année de sa mort, eut la double mission d'établir une réforme dans l'ordre de sainte Claire et de travailler au bien de l'Eglise par le renouvellement de l'esprit intérieur. En 1859, Pie IX, parlant de cette âme d'élite, dit ces mots : « Sœur Agnès est sainte, vraiment sainte. » En 1849 elle fut invitée à venir à Pérouse par Mgr Pecci, aujourd'hui Léon XIII, qui fut plein d'estime pour la servante de Dieu. Plusieurs fois, au rapport du P. Ramière, jésuite, (*Messager du Sacré-Cœur* nos de février et mars 1880) N. S. lui a dit : « Le châtiment des péchés *du monde* ne peut être différé plus longtemps à cause du relâchement de la ferveur au sein des ordres religieux et du clergé en général ».

« ceux qui devraient être des candélabres ! O Rome, « je pleure sur toi, comme jadis je pleurais sur « Jérusalem ! »

Le 26 janvier 1854 la T. S. Vierge lui dit : «... il « est des choses qui déplaisent et auxquelles on ne « veut pas croire... Il y aura encore une autre tem- « pête, et puis viendra la tranquillité alors tous ou « presque tous seront renouvelés. **Vois combien « d'hommes auront alors disparu de la terre** »

En 1861 la mère Agnès dit à Mgr Madrigali : « Le « Seigneur m'a permis de voir le monde renouvelé. « Oh ! Qu'il était beau ! **Bien peu ! Bien peu reste- « ront du monde ancien**... ils ne penseront pas « aux choses de la terre... »

13. La sœur Rosa Azdente du couvent de Taggia près Nice, célèbre par ses prédictions sur Pie IX, sur Napoléon III et sur Garibaldi (2) a annoncé absolument tout ce qui fait le fond des prophéties précédentes : de grandes guerres et de grands malheurs dans toute l'Europe, et surtout en Italie que les Russes et les Prussiens viendraient attaquer ; de grandes persécutions contre l'Eglise. Elle dit en propres termes que **plusieurs religieuses de son couvent seront crucifiées**, et elle indique l'endroit du jardin planté d'oliviers où elles souffriront le martyre. Elle ajoutait : « La paix ne reviendra pas « jusqu'à ce que la fleur blanche des descendants de « S. Louis retourne sur le trône de France ». Elle annonçait après celà un temps de grande prospérité pour la religion, pendant lequel beaucoup de pasteurs hérétiques et l'Angleterre tout entière rentre-

(2). Elle est morte le 7 juin 1847, après avoir passé 64 ans dans ce monastère, édifiant les religieuses par ses vertus et, en particulier, sa simplicité et sa candeur.

raient dans l'unité catholique, ainsi que l'Orient par la conversion des Turcs.

14. Le vénérable Bernard Clausi, religieux passioniste de Rome, mort en 1850, d'une sainteté éminente, remarquable par ses prédictions et par ses miracles, disait en 1849, que la révolution qui faisait trembler alors toute l'Europe « n'était qu'une mascarade de peu de durée, et qu'il viendrait une « époque durant laquelle tout serait bouleversé, et « où la main de l'homme serait impuissante, et « qu'alors le Seigneur y mettrait ses très saintes « mains, et que comme un éclair, tout serait arrangé « de telle sorte que même les méchants seraient « forcés de reconnaître la main de Dieu. » — Il répétait souvent, dit la Mère Marguerite Laudi, religieuse du monastère de Saint Philippe de Néri, à Rome, (1) il répétait d'une manière à jeter la terreur et l'épouvante « qu'il viendra un fléau terrible, dirigé unique- « ment contre les impies. Ce sera un fléau tout « nouveau, qui n'a jamais eu lieu : il se fera sentir « **dans le monde entier** ; le ciel et la terre s'uniront « pour le produire ; il sera instantané et passera en « un moment ; de grands pécheurs se convertiront « alors, parce qu'ils reconnaîtront la main de Dieu. « Mais avant qu'il arrive, les maux auront tellement « augmenté qu'il paraîtra que tous les démons sont « sortis de l'enfer ; et les bons vivront dans un

(1). La mère Laudi disait que le vénérable lui avait laissé entendre qu'elle serait témoin des événements qu'il annonçait. La Supérieure actuelle du monastère de Saint-Philippe m'a écrit le 9 février dernier, que la *mère Laudi était passée à une vie meilleure le 18 janvier 1892*. Est-ce que le vénérable lui avait dit formellement, et par inspiration, qu'elle verrait ces événements ? Non ; mais elle l'avait conclu de sa manière seulement de parler. Voir la note de la page (38), au sujet d'une erreur du même genre de la Mère Providence de Blois.

« véritable martyre par les persécutions des mé-
« chants. Gardez-vous bien de croire, répétait-il,
« ceux qui vous diront de quelle sorte sera ce fléau,
« parceque ce sera une chose nouvelle, qui ne s'est
« jamais vue, que Dieu n'a révélée à personne et
« dont il s'est réservé le secret... Les justes échap-
« peront au châtiment vengeur... »

Longue encore serait la liste des saints à qui le ciel a fait ces mêmes révélations dans notre siècle. Je n'ai pas même parlé de Marie Lataste, cette illettrée qui a écrit, ou plutôt dicté de si belles pages sur la paix qui reviendra dans le monde parce que Marie soufflera sur les tempêtes et les apaisera... J'ai omis tous les saints des siècles passés : le vénérable Holzhauser (1), le bienheureux Bobola, le bienheu-

---

(1). Mort en 1658, bien connu pour être un des meilleurs commentateurs de l'Apocalypse et prophète lui-même, il divise l'histoire de l'Eglise en sept âges. D'après lui, le sixième âge commence à notre époque ; et alors il doit se faire un changement étonnant par la main de Dieu même, tel qu'on ne peut se l'imaginer : « Dieu enverra un grand monarque... De concert avec une puissance du Nord, il exterminera la race des impies. Il rétablira l'ordre et rendra à chacun son bien. Dieu, dans ce même temps, suscitera un Pontife saint qui, soutenu par le grand monarque, fera briller plus que jamais la gloire de l'Eglise catholique par tout l'univers. On croira la race du grand chef éteinte : point du tout. Un *dux* (chef) paraîtra contre toute attente, lorsque les amis de l'Eglise et des souverains seront dans la consternation et tellement persécutés qu'ils seront contraints de prendre les armes, auxquelles Dieu donnera le plus merveilleux succès... Toutes les hérésies seront reléguées dans l'enfer, d'où elles sont sorties ; l'Empire du Turc sera brisé, et toutes les nations viendront et adoreront leur Dieu dans la vraie foi catholique et romaine...» — Interrogé un jour où il pouvait trouver des lumières si extraordinaires pour interpréter un livre si difficile, l'humble serviteur de Dieu répondit en versant des larmes : « Je ne suis qu'un enfant à qui l'on tient la plume et dont on conduit la main pour écrire. »

reux Amédée, évêque de Lausanne, le saint pape Benoit XII, saint Ange, martyr, saint François de Paule et d'autres. Et en me bornant aux saints de notre siècle, encore n'ai-je cité que des Français et des Italiens ; or il existe des prophéties semblables en Allemagne, en Autriche, en Pologne et même en Turquie.

Nous sommes les premiers à reconnaître que, prises isolément, aucune de ces prophéties n'a l'authenticité et la valeur de celle de la Salette. — La prophétie de la Salette, à elle seule, suffit pour que nous soyons certains des événements qu'elle annonce. Car c'est un Message que la Reine du ciel a dicté elle-même et ordonné de faire passer à tout son peuple. La Providence nous devait donc d'assister Mélanie pour que le Message nous parvint sans altération. Mélanie n'a pu mêler involontairement ses idées personnelles avec la révélation, ainsi que cela est arrivé à des voyants, et plus souvent à leurs historiens, car elle atteste, et son témoignage est digne de foi, que les paroles mêmes de la Sainte Vierge ont été miraculeusement **gravées dans sa mémoire**, « Qu'elle eut les choses présentes, claires et distinctes les unes des autres jusqu'au jour où elle put dire son secret, et que, quand elle l'a publié, il était écrit depuis plusieurs années : qu'il n'y avait rien d'elle, et que personne ne l'avait jamais lu. Que maintenant elle connaît encore toutes ces choses, mais comme un ensemble. »

Les autres prophéties citées dans ce deuxième chapitre n'ont pas cette authenticité. On n'en peut tirer qu'une conclusion vraiment logique : elles ne sont pas toutes fausses, elles ne sont pas toutes vraies non plus : on n'a donc aucun fond à faire sur les particularités qu'elles peuvent renfermer. Si pourtant, dans leur ensemble, on peut constater une idée générale et identique, quelque chose comme une poussée vers une conclusion commune à toutes malgré la divergence des détails, ce quelque chose n'est pas à dédaigner. Or, cette poussée existe : toutes, avec des différences accidentelles dont on peut faire le cas qu'on voudra, toutes ont une convergence vers ce qu'on a appelé le grand coup. Elles s'accordent sur ce point ; et c'est précisément dans cet accord que j'ai cru, à bon droit, trouver une confirmation de la grande voix de la Salette. Cette dernière suffit, mais les autres la confirment. Aucune des autres prise isolément, n'a son authenticité, sa divinité, ni son intégrité démontrées absolument, et l'on serait imprudent d'en serrer le texte pour y bâtir un raisonnement ; mais tant de prophéties unanimes sur le sujet qui nous occupe ne sauraient être toutes altérées. Ce serait inconcevable. **Leur unanimité constitue une véritable certitude.** Il est donc deux fois prouvé déjà que le Grand Coup arrivera.

Ainsi se vérifie et par Notre-Dame de la Salette et par d'innombrables voyants le témoignage de sainte Hildegarde : « Chaque fois que Dieu se pro-« pose de châtier le genre humain pour ses préva-« rications, il le fait prédire par des hommes ou le « manifeste par les créatures, afin qu'ils n'aient « point sujet de se plaindre de leurs maux. » (1)

---

(1). Notre-Dame des Sept Douleurs, d'un tableau de la chapelle Campocavallo, près Lorette, a répandu des larmes pendant 18 jours, du 16 juin au 3 juillet 1892. Elle continue (1894) de lever les yeux au Ciel et de les abaisser sur la foule. Ailleurs, en 1871, une statue de l'enfant Jésus, et ailleurs, en 1859, les saintes hosties s'étaient couvertes de taches de sang. Des faits de ce genre n'ont cessé de se produire, surtout en Italie, depuis la Salette.

CHAPITRE III

LE XXIVe CHAPITRE D'ISAIE

Certains événements sont d'une importance si exceptionnelle qu'il n'a pas suffi à la Providence de les annoncer par des prophéties privées, elle les a fait connaître d'avance il y a bien des siècles par les prophéties même **canoniques**, c'est-à-dire celles des Livres Saints. Autant les Livres Saints l'emportent sur les autres livres, autant les prophéties canoniques sur les prophéties privées. Il semble impossible de fournir une preuve absolue de l'authenticité divine d'une prophétie privée. Il n'y a qu'une déclaration de l'Eglise qui puisse lui donner *absolument* ce caractère, et l'Eglise ne fait jamais cette déclaration. L'Eglise, de fait, ne se désintéresse pas de ces prophéties : elle les accepte, quand elle croit devoir les accepter, avec tout le respect qu'elle doit aux manifestations divines : elle les mentionne dans les bulles de canonisations de certains saints, dans les oraisons de la liturgie, ou bien dans certaines cérémonies solennelles, comme il est arrivé dans la concession de l'office de N. D. de la Salette et le couronnement de la statue par ordre du Saint Père ; c'est la plus haute approbation qu'elle ait pour ce genre de faits, et elle n'en peut avoir d'autres. Elle ne fait pas et ne peut faire de leur exposé l'objet d'un article de foi, l'objet d'une nouvelle révélation à l'Eglise.

On ne saurait donc dire des prophéties privées que nous avons citées jusqu'ici, même de la plus respectable de toutes, celle de la Salette, on ne saurait dire sans aucune crainte de se tromper ce que dit la théologie des Ecritures Canoniques, et ce que répétait dernièrement Léon XIII avec l'autorité de son magistère infaillible, que : « Les Saints Livres « ont été *écrits* sous l'inspiration de Dieu et que « cette inspiration s'applique à l'ensemble et à *toutes* « *les parties* de chacun d'eux et non pas seulement à « ce qui touche à la foi et aux mœurs, selon la préten- « tion intolérable de quelques-uns. — De là il résulte « qu'il faut tenir pour vrai *tout* ce qui est dans les « Saintes Ecritures. »

Ajoutons que dans les prophéties privées les voyants sont exposés à l'illusion démoniaque. Et si la manifestation était de Dieu, il peut encore, par après, se glisser dans la rédaction quelque erreur par l'action du démon ou par l'inintelligence humaine.

Ces considérations étaient nécessaires pour donner à la preuve que nous allons essayer le rang privilégié qu'elle mérite. Ce que nous avons dit de la certitude du Grand Coup pour notre époque va être confirmé par une prophétie des Livres Saints, une prophétie canonique dont le texte nous est présenté par l'Eglise infaillible. Et cette prophétie que nous allons citer est du plus grand prophète de l'Ancien Testament, le prophète Isaïe.

Au sentiment de plusieurs commentateurs de la Sainte Écriture un grand nombre de versets d'Isaïe paraissent se rapporter aux derniers temps et à notre époque. Ce sentiment est conforme à ce que le Saint Esprit lui même a dit de ce prophète dans le Livre de l'Ecclésiastique : « Isaïe fut un grand prophète... » il vit par un grand don de l'esprit de Dieu « ce qui devait arriver dans les derniers temps ; et « il consola ceux qui dans la suite devaient être « affligés dans Sion. Il prédit ce qui devait arriver « jusqu'à la fin des siècles ; et il découvrit les choses

« secrètes avant qu'elles arrivassent. *Isaias pro-*
« *pheta magnus... Spiritu magno vidit ultima,*
« *et consolatus est lugentes in Sion. Usque in*
« *sempiternum ostendit futura, et abscondita*
« *antequam evenirent.* » (*Eccli. XLVIII.* 25, 27,
« 28.)

Plus de cinquante versets des chapitres 1, 3, 8, 10, 20, 24, 26, 46 et 63 d'Isaïe sont tout à fait remarquables en ce sens. Nous citerons ceux du chapitre 24 qui est le plus important pour notre question. Les maux de l'Eglise et de la société, le Grand Coup qui doit clore l'ère présente, le triomphe universel de la foi aussitôt après, puis la rechute dans le mal et les derniers temps y sont annoncés. Et quand on pense que cela est écrit depuis le septième siècle avant Jésus-Christ, on peut avoir une juste appréhension des commotions effroyables dont la terre est menacée. Car, assurément, s'il ne s'agissait que de fléaux ordinaires, et si le triomphe qui les suivra avait des exemples dans le passé, Dieu n'aurait pas fait prédire ces événements tant de siècles d'avance, et avec tant de majesté, comme on le verra, ni avec une clarté qu'on trouve rarement dans les prophéties avant leur accomplissement. C'était donc « afin de consoler ceux qui vivront en ces temps malheureux. *Et consolatus est lugentes in Sion.* » (1)

« Toute prophétie, dit saint Jérome, est enve-
« loppée d'énigmes et de sens coupés ; le prophète

---

(1) Les meilleurs interprètes de l'Ecriture, saint Jérome, saint Ambroise, d'autres Pères encore, et en dernier lieu Cornelius à Lapide, ne sachant à quels événements passés rapporter ce chapitre vingt-quatrième d'Isaïe, disent qu'il prédit les fléaux universels des derniers temps. Notre interprétation n'est donc pas nouvelle. Les lumières de la révélation de la Salette nous permettront seulement de mieux préciser les détails et de distinguer plusieurs époques.

« passe d'un objet à un autre, de peur qu'en conser-
« vant l'ordre des événements ils ne fasse une
« histoire plutôt qu'une prophétie. *Omnis autem*
« *prophetia ænigmatibus involvitur et præcisis*
« *sententiis, dum de alio loquitur transit ad aliud;*
« *ne si ordinem Scriptura conservet, non sit vati-*
« *cinium sed narratio* » (*In Isaïam* XVI. 1.) C'est
cela qui rend si difficile l'interprétation avant que
l'événement annoncé soit accompli.

Souvent les prophètes joignent la prédiction d'un événement qui doit arriver dans peu, avec celle d'un événement qui n'arrivera que plusieurs siècles après, et ne disent rien de l'intervalle qui doit les séparer. On en voit un exemple remarquable dans le vingt-quatrième chapitre de saint Mathieu, où Notre Seigneur lui-même joint ainsi la prédiction de la ruine de Jérusalem sous Titus avec la prédiction de la fin du monde, et se borne à nous en prévenir par ces mots : «*qui legit intelligat.*» Mais dans le chap. XXIV d'Isaïe que nous allons citer presqu'en entier on verra que la clarté est telle, les pensées concordent si bien avec celles de la Salette, des détails, des signes indiquent si bien l'époque où ces choses auront lieu, que l'interprétation de ce chapitre est possible avant l'accomplissement des événements.

Oui, il est manifeste qu'Isaïe a vu notre époque, que, dans ce chapitre, il a prophétisé les mêmes crimes, les mêmes malheurs pour le monde, les mêmes triomphes pour l'Evangile que Notre-Dame de la Salette. Afin que chacun puisse en juger par lui-même, nous transcrirons les prédictions de la Salette en regard de chacun des versets d'Isaïe et de leur traduction.

ISAÏE		LA SALETTE
1. Ecce Dominus dissipabit terram, et nudabit eam, et affliget faciem ejus, et disperget habitatores ejus.	1. Voici que le Seigneur dévastera la terre (1) il la dépouillera, il en couvrira la face d'afflictions, et il en dispersera tous les habitants.	Si mon peuple ne veut pas se soumettre, je suis forcée de laisser aller la main de mon Fils... Dieu va frapper d'une manière sans exemple. Malheur aux habitants de la terre !
2. Et erit sicut populus sic sacerdos : et sicut servus, sic dominus ejus : sicut ancilla, sic domina ejus : sicut emens sic ille qui vendit : sicut fœnerator, sic is qui mutuum accipit : sicut qui repetit, sic is qui debet.	2. Alors le prêtre sera comme le peuple : le maître comme l'esclave : la maîtresse comme la servante : celui qui vend comme celui qui achète : celui qui paie intérêt comme celui qui prête son argent : et celui qui doit comme celui qui redemande ce qu'il a prêté.	Malheur aux prêtres et aux personnes consacrées à Dieu !... Dieu va épuiser sa colère, et personne ne pourra se soustraire à tant de maux réunis.
3. Dissipatione dissipabitur terra, et direptione prædabitur:	3. La terre subira ruine sur ruine, et sera livrée à toutes sortes de pillages :	Il y aura une guerre générale qui sera épouvantable... On se tuera, on se massacrera jusque dans les maisons.

(1) Dévastation absolument sans exemple, selon le savant commentaire de Cornélius à Lapide. Dieu, dit-il, rendra la terre informe et vide, « *inanem et vacuam reddet terram* » : c'est le sens de l'expression *dissipabit terram*. Autant vaut dire qu'Il semblera la ramener au chaos ; car Moïse ne décrit pas le chaos autrement : « *terra autem erat inanis et vacua.* » — Ces premiers mots du premier verset sont le résumé de tout cet étonnant chapitre d'Isaïe.

Dominus enim locutus est verbum hoc.	Car c'est le Seigneur qui en a prononcé la sentence.	On doit s'attendre à boire le calice de la colère de Dieu.
4. Luxit et defluxit terra et infirmata est : defluxit orbis ;	4. Larmes et défaillance: la terre est comme épuisée : ses forces dépérissent.	Tout ce que vous sèmerez les bêtes le mangeront.
Infirmata est altitudo populi terræ.	Tout ce qu'il y a d'élevé dans le peuple de la terre est tombé dans l'affaissement.	Chaque individu voudra être supérieur à ses semblables. On abolira les pouvoirs civils et ecclésiastiques ; tout ordre et toute justice seront foulés aux pieds.
5. Et terra infecta est ab habitatoribus suis :	5. La terre est infectée par la corruption de ceux qui l'habitent :	Si la récolte se gâte ce n'est qu'à cause de vous autres.
Quia transgressi sunt leges, mutaverunt jus (1), dissipaverunt fœdus sempiternum.	Parcequ'ils ont violé les lois, changé le droit, rompu l'alliance éternelle.	Les péchés des hommes sont cause de toutes les peines qui arrivent sur la terre.
6. Propter hoc maledictio vorabit terram.	6. A cause de cela, la malédiction dévorera la terre ;	Dieu abandonnera les hommes... et enverra des châtiments qui se succéderont... La société est à la veille des fléaux les plus terribles...

(1). **Mutaverunt jus !** Quelle précision et quelle énergie pour désigner par un seul mot la sacrilège substitution des **Droits de l'homme** aux Droits de Dieu : « Ceux qui infectent la terre de leur corruption ont changé le droit, *mutaverunt jus !* » Isaïe pouvait-il mieux caractériser notre époque ?

Et peccabunt habitatores ejus : ideoque insanient cultores ejus,	Ses habitants n'en deviendront que plus pécheurs: c'est pourquoi leur intelligence s'obscurcira,	Les conducteurs du peuple de Dieu ont négligé la prière et la pénitence, et le démon a obscurci leur intelligence.
Et relinquentur homines pauci.	**Et il n'y demeurera que peu d'hommes.**	**La terre deviendra comme un désert.**
7. Luxit vindemia infirmata est vitis.	7. La vendange pleure, la vigne dépérit.	Les raisins pourriront.
10. Attrita est civitas vanitatis.	10. La cité de vanité est broyée	Paris sera brûlé. (1).
12. Relicta est in urbe solitudo.	12. La ville ne sera plus qu'un désert.	Plusieurs grandes villes seront ébranlées et englouties par des tremblements de terre.
13. Quia hæc erunt in medio (2) terræ, in medio populorum : quomodo si paucæ olivæ, quæ remanserunt, excutiantur ex oleâ ; et racemi cum fuerit finita vindemia.	13. Et ce qui restera d'habitants sur toute la terre, parmi tous les peuples, sera comme quelques olives qui demeurent sur un arbre après qu'on l'a dépouillé de ses fruits, ou comme quelques raisins après qu'on a fait la vendange.	Tout à coup les persécuteurs de l'Eglise de Jésus-Christ et tous les hommes adonnés au péché périront, et la terre deviendra comme un désert.

(1) Les obus et la foudre broient et incendient. — Remarque curieuse : c'est le secret de la Salette qui a désigné par son nom la cité *de vanité*. On peut voir dans le grand commentaire de Cornélius à Lapide, que les anciens interprètes ne savaient à quelle cité appliquer cette épithète, et que lui-même, encore au 16e siècle, n'en connaissait pas une à laquelle ce titre convînt.

(2) *In medio terræ, id est, in tota terrâ* (Cornélius).

14. **H**i levabunt vocem suam, atque laudabunt : cum glorificatus fuerit Dominus.	14. **C**eux qui resteront élèveront leurs voix et chanteront des cantiques de louanges : lorsqu'ils verront que Dieu aura été glorifié.	**A**lors se fera la paix, la réconciliation de Dieu avec les hommes. Jésus-Christ sera servi, adoré et glorifié ;
16. **A** finibus terræ laudes audivimus, gloriam Justi.	16. **N**ous avons entendu des extrémités du monde les louanges, la gloire du Juste.	**L**a charité fleurira partout........ L'Evangile sera prêché partout.
Et dixi : secretum meum mihi ! secretum meum mihi !	**J**'ai dit alors : mon secret est pour moi ! mon secret est pour moi !	
Væ mihi (1) : prævaricantes prævaricati sunt, et prævaricatione transgressorum prævaricati sunt.	**M**alheureux que je suis de ne pouvoir parler : ils ont violé la loi, et le mépris qu'ils en ont fait est monté jusqu'à son comble.	

La fin de ce verset a plus qu'une concordance de texte, il trouve une concordance historique vraiment remarquable dans la révélation de la Salette. Quel est en effet, ce **secretum meum mihi** répété **deux fois** mystérieusement, sinon la communication, par le ciel à la terre, des deux secrets de Maximin et de Mélanie ? On ne peut appliquer cette parole mystérieuse à rien autre chose. Qu'est-ce encore que ce **Væ mihi**, cette plainte de l'impossibilité de parler, et le mépris de Dieu qui résulte de

---

(1) *Heu mihi, quia.....eloqui non valeo.....hinc intime crucior* (Cornélius à Lapide).

cette impuissance ? Cette plainte ne peut-être une accusation contre le Ciel, qui a donné le secret ; ne serait-elle pas la prédiction de la faute qu'on fit d'empêcher Mélanie de publier son secret en 1858, à l'époque où la Ste-Vierge le lui avait permis ? Oui, *malheureuse qu'elle fut de ne pouvoir parler* : car Napoléon démasqué, dénoncé au monde comme le plus dangereux ennemi de l'Eglise aurait été paralysé, le pape n'aurait pas été dépouillé, **le mépris des lois divines ne serait pas monté jusqu'à son comble.**

Les versets suivants concernent les événements qui auront lieu au temps de l'Antechrist : c'est une dernière concordance de cet étonnant chapitre avec la révélation de la Salette.

19. Confractione confringetur terra, contritione conteretur terra, commotione commovebitur terra.	19. La terre souffrira des élancements qui la déchireront, des déchirements qui la briseront, des secousses qui l'ébranleront.	L'eau et le feu donneront au globe de la terre des mouvements convulsifs, et d'horribles tremblements qui feront engloutir des montagnes.
20. Agitatione agitabitur terra sicut ebrius, et aufetur (1) quasi tabernaculum unius noctis : et gravabit eam iniquitas sua, et corruet, et non adjiciet ut resurgat.	20. Elle sera agitée, elle chancellera comme un homme ivre, elle sera transférée comme une tente dressée pour une nuit ; accablée par le poids de son iniquité elle tombera sans que jamais elle s'en relève.	La terre qui, depuis trois jours sera en de continuelles évolutions, ouvrira son sein plein de feu..... Alors l'eau et le feu purifieront la terre, et consumeront toutes les œuvres de l'orgueil des hommes.

(1) *Non quoad substantiam, sed quoad speciem et figuram* (Cornélius).

21-22. **I**n die illâ visitabit Dominus super....reges terræ, qui sunt super terram, Et congregabuntur in congregatione unius fascis in lacum, et claudentur ibi in carcere : et post multos dies visitabuntur.	21-22. **E**n ce temps là, le Seigneur visitera les rois du monde qui sont sur la terre, et les ayant ramassés et liés ensemble comme un fagot, il les jettera dans l'abîme, où il les tiendra en prison : et longtemps après il les visitera (1).	**V**oici le roi des rois des ténèbres. Voici la bête avec ses sujets, se disant le sauveur du monde. Il s'élèvera avec orgueil. ....Il tombera....Il sera plongé pour jamais avec tous les siens dans les gouffres éternels.. et tout sera renouvelé.
23. **E**t erubescet luna, et confundetur sol cum regnaverit Dominus exercituum:	23. **L**a lune rougira, et le soleil sera tout obscurci, quand viendra le règne du Seigneur des armées.	**L**es astres perdront leurs mouvements réguliers; la lune ne reflètera qu'une faible lumière rougeâtre... Dieu sera servi et glorifié.

Peut-on demander une concordance plus complète et plus exacte, d'un bout à l'autre? Que faut-il encore pour établir que ce chapitre XXIV d'Isaïe prédit les mêmes événements que la révélation de la Salette : c'est-à-dire, l'apostasie des nations chrétiennes, une longue suite de châtiments, une catastrophe imminente et sans exemple, un triomphe pour l'Eglise splendide et universel immédiatement après, et enfin la venue prochaine de l'Antechrist?... D'ailleurs, abstraction faite de cette merveilleuse concordance le texte d'Isaïe

(1) Il les visitera au jour du jugement général, dit saint Thomas; pour les condamner de nouveau, ajoute Suarez. Or si cette *visite* n'aura lieu que *longtemps après*, serait-ce donc que le jugement dernier ne suivra pas de près la mort de l'Antechrist? Nous avons vu que la prédiction de la Salette semble dire la même chose. Concordance partout.

ne laisse aucun doute. En effet, pour qu'il n'y ait pas d'équivoque possible, pour qu'on ne puisse supposer qu'il s'agit d'une autre époque que l'époque actuelle, pour désigner, en un mot, cette époque par un signe caractéristique, il donne au verset septième le signe de la maladie, du dépérissement de la vigne « *Luxit vindemia infirmata est vitis* » maladie qui, depuis l'ère chrétienne au moins, n'a sévi dans le monde qu'en ces dernières années (1).

---

(1) « La Nature » publiait en son numéro 1,054, sous la signature de Georges Vitoux, un article intitulé *Strabon et le Phylloxéra* dont on nous saura gré de citer quelques lignes.

« *Au temps de cet auteur (Strabon, géographe grec, né vers 60 avant Jésus-Christ), les vignerons tout comme leurs modernes confrères, devaient lutter contre les ennemis de leurs vignes. Insectes et parasites, hélas ! ne sont point d'invention moderne, et jadis comme à présent, l'on avait fort à faire pour s'opposer à leurs déprédations. Les remèdes, du reste, ne manquaient pas, et les écrivains d'alors en notaient les formules au cours de leurs ouvrages. Et c'est ainsi que Strabon, au livre VI, chap. VIII de sa* Géographie, *transcrit les lignes suivantes :*

*Posidonius parle d'une terre bitumineuse, l'*Ampelitis, *qu'on extrait d'une mine aux environs de Séleucie du Pierius et qui sert de préservatif contre l'insecte qui attaque la vigne. On n'a qu'à frotter la vigne malade avec un mélange de terre et d'huile et cela suffit pour tuer la bête, avant qu'elle ait pu monter de la racine aux bourgeons. Posidonius ajoute que. du temps qu'il était prytane de Rhodes, on y trouvait une terre toute pareille, mais qui exigeait une dose plus forte d'huile.* »

(*La Nature*, 12 août 1893).

La note de Strabon est précise. L'insecte dont il parle doit être le phylloxéra. Voilà pourquoi nous avons restreint à l'ère chrétienne notre affirmation. Il est vrai qu'outre le phylloxéra nous avons aujourd'hui pour lui faire cortège l'oïdium, le mildiou, l'érichnose, l'anthracnose, le cochylis, etc... de sorte qu'on peut bien dire que jamais, *en aucun temps*, ne s'est réalisé comme à notre époque le « *Luxit vindemia, infirmata est vitis* ». La vigne n'est pas seulement malade, comme du temps de Strabon, elle est attaquée par une légion de maladies.

Ainsi les prophéties canoniques non moins que les prophéties privées nous donnent de pressants avertissements de nous convertir et de nous sanctifier avant le dénouement final et horriblement tragique de la crise à nulle autre pareille que nous traversons. Bientôt, bientôt, il sera trop tard ! Combien de centaines de millions d'hommes coupables auront disparu en un instant ! « *Relinquentur homines pauci !* » Mais si nous méritons d'être du petit nombre des épargnés « *Hi levabunt vocem suam atque laudabunt,* » quel bonheur de voir, dans quelques années, cette ère de paix et de prospérité, de diffusion de la vérité et de la lumière évangélique sur toute la terre, ce triomphe de l'Eglise militante, le plus grand, le plus merveilleux, le plus splendide qu'elle ait eu et aura jamais !

CHAPITRE IV

RAISON PHILOSOPHIQUE : LOI DE PROVIDENCE ET LOI DE JUSTICE

D'après tout ce qui précède, il est incontestable que les événements de notre siècle tiennent une grande place dans les révélations que le Ciel a faites à la terre. Dans ce quatrième chapitre j'essaierai de démontrer que non seulement la raison ne contredit point à la possibilité d'événements si prodigieux, mais que la raison philosophique chrétienne, indépendamment même des prophéties, en a comme l'intuition. Aux yeux de la raison le Grand Coup aura lieu, parce qu'il est nécessaire 1° Comme acte de providence en faveur de l'Eglise ; 2° Comme châtiment de l'impiété : deux lois divines qui n'ont jamais manqué de s'accomplir ; loi de providence, loi de justice.

1° LOI DE PROVIDENCE

L'Eglise a des promesses immortelles ; or elle ne peut subsister longtemps dans les conditions de la guerre qui lui est faite actuellement partout : *humainement parlant* elle est perdue.

Aucune force *humaine* ne peut arrêter l'élan de la société dans son évolution actuelle. Cette évolution est complète. Fille de l'Eglise, dans les siècles passés elle essayait bien parfois des empiétements ridicules, des révoltes même furieuses. Mutineries d'un enfant plus ou moins indocile elle savait, la fièvre passée, rentrer dans le devoir. Mais peu à peu elle s'est imaginée qu'elle devenait adulte, elle a rêvé d'émancipation d'abord ; les soins maternels qu'elle recevait lui ont paru une insulte, c'était temps pour elle de marcher seule ; elle s'est déclarée libre... Dans les principes nouveaux l'enfant devenu grand n'est-il pas libre vis-à-vis de sa mère ? De la liberté à l'indifférence il n'y avait qu'un pas. Un pas aussi de l'indifférence à l'hostilité. Ces deux pas ont été franchis, sournoisement d'abord, ensuite avec impudence. L'Eglise catholique, c'est l'ennemie. La guerre a été déclarée avec une franchise brutale, puis menée avec une stratégie telle que l'œil le moins clairvoyant y voit sans peine la main d'un ennemi plein d'expérience ; certes oui, la main du vieux vaincu, le général obstiné qui n'a cessé de combattre depuis sa grande défaite du Vendredi-Saint et a pris de l'expérience sur les champs de bataille de dix-neuf siècles. Il a enfin fondé la société moderne ; il en a fait une citadelle armée de toutes les forces de la terre et qui tient tant d'espace que bientôt elle ne permettra pas à la religion du Christ d'occuper la moindre place au soleil.

Voyez : au cœur de la citadelle nouvelle, la franc-maçonnerie. Tous les gouvernements sont empoisonnés de ces sectaires, dont l'objectif avoué est la destruction de l'Eglise. « Employant à la fois la ruse et l'audace la secte... a envahi tous les rouages de la hiérarchie sociale et commence à prendre dans les Etats modernes une puissance qui équivaut à la souveraineté ». (Paroles de Léon XIII. Encycl. Humanum genus). Et elle ne désarmera jamais : « La franc-maçonnerie, continue l'encyclique, n'est pas autre chose, tout au moins dans les hauts grades, que la religion occulte de Satan ». Et lui il ne désarme jamais.

Il est vrai qu'il a contre lui la croix du Rédempteur, la croix qui a déjà brisé son empire, le paganisme universel ; mais la croix n'agit que dans le cœur des fidèles ; celui qui nous a créés sans nous, ne nous sauvera pas sans nous... Il veut la coopération de la foi. La croix ne fera rien sans la foi. Aussi, la foi, une foi héroïque seule pourrait opposer une résistance sérieuse à ce retour de Satan. Mais où est la foi ? L'enfer sait mieux que nous où porter ses attaques ; il sait mieux que nous que la croix est invincible, mais la foi... la foi qui n'est jamais dans nos âmes qu'une flamme vacillante... les souffles de l'enfer étaient-ils impuissants à l'éteindre ? Regardez autour de vous : cette lumière autrefois si brillante, qu'est-elle devenue ? Les masses reviennent au paganisme ; les nations chrétiennes ont laissé pourrir la vérité chez elles. Le culte de Lucifer est organisé dans le monde depuis le 20 septembre 1870, date où tombait le pouvoir temporel pontifical, il a ses autels, ses temples, ses rituels, ses adorateurs (1). Cela n'indigne pas trop. Vive la liberté ! (2).

Cette persécution, dirigée par Satan en personne (3), faut-il s'étonner qu'elle soit menée avec une suite, avec une fermeté, avec une intelligence et une habileté prestigieuses, dans le temps même où les

---

(1) Il y a peu d'années, un ecclésiastique du diocèse de Paris, visiteur d'un grand ordre, prêtre très sage, très prudent, n'aimant à dire que ce qu'il savait bien, déclarait qu'il existait à Paris, dans le seul quartier de Saint-Sulpice, *vingt-deux* autels consacrés au démon, et servant à des pratiques sacrilèges. — Des groupes de cabalistes et d'occultistes ont des pourvoyeuses d'hosties consacrées, d'abominables femmes qui, pour une médiocre rémunération, se présentent à la sainte table et font marché des hosties qu'elles ont reçues sous la surveillance de témoins implacables. On tremble de révéler de telles abominations, mais depuis quelque temps elles deviennent fréquentes et publiques.

(2) On est stupéfait que des chrétiens non seulement rougissent de rendre à Dieu les honneurs qui sont dûs à tant de titres au Créateur. Mais encore qu'ils respectent les prétendus droits du mal, comme si le mal pouvait avoir des droits ! Quel blasphème stupide de parler du *respect des droits de Satan !* Le *libéralisme en religion* n'est pourtant pas autre chose que cette bêtise.

(3) « En personne » ; ceci n'est point une figure. « Il est avéré dit Mgr Meurin, très exactement renseigné, il est avéré que Satan se fait voir et communique personnellement avec son premier remplaçant et ses adjoints, leur faisant savoir tout ce qu'il voudra commander aux *Enfants de la Veuve* ». (C'est ainsi que les adeptes eux-mêmes désignent la franc-maçonnerie). Oui, il est vrai, rigoureusement vrai, que Satan se manifeste à ses suppôts, se fait voir personnellement, et dirige *en personne* la persécution actuelle contre l'Eglise.

A Charleston, une fois par semaine, le vendredi, à trois heures après midi, Lucifer apparait sous forme humaine dans le *Sanctum regnum*, sanctuaire où le Palladium original est déposé sous la garde du Souverain Pontife luciférien et des dix membres du Sérénissime Grand Collège. Il apparaît instantanément, se donne pour l'égal de Dieu, et reçoit les adorations du Grand Conseil. Pendant les 10 à 15 minutes

catholiques sont visiblement frappés d'aveuglement et d'impuissance ? (1) Nos institutions sont ruinées progressivement ; nos ennemis maintiennent une juste distance entre chacune de leurs victoires ; ils attendent, avant d'entreprendre un nouvel empiétement, que l'esprit public se soit habitué au effets du précédent. — Parallèlement, on avilit aux yeux des fidèles leurs chefs religieux, par des lois où le prêtre est confondu avec la multitude, où il est vexé par des laïques auxquels on soumet son administration, ses comptes, sa personne (2).

---

que dure l'apparition il interroge, puis, sans tenir compte des avis exprimés, il dicte en peu de mots ce qu'il faut faire, et disparait instantanément, quelquefois au milieu d'une phrase qu'il a commencée, ce qui prouve malgré lui sa dépendance, comme si un plus fort le chassait de là.

Outre ces apparitions régulières au *Sanctum regnum*, où ne pénètrent, pour tenir séance, que le successeur d'Albert Pike et son Conseil, Lucifer se montre souvent dans les triangles palladiques. L'apparition, par exemple, dont fut témoin le R. P. Jeandel est authentique.

(1) En Autriche-Hongrie, en Italie, en France, on a capitulé presque sans combat devant les sectaires ; et ceux-ci mènent une campagne acharnée en Espagne et en Portugal. Depuis longtemps la secte tyrannise la plupart des Etats de la catholique Amérique du Sud. A quoi attribuer une pareille situation dans la catholicité ? Au manque d'énergie et aux divisions, aux petits côtés de l'esprit et du cœur humain, à une sorte d'*aveuglement*.

(2) Après avoir mis le prêtre à la caserne et profané autant qu'on le pouvait le caractère sacerdotal, on veut installer maintenant (et on y arrivera) le percepteur dans le sanctuaire, pour apporter au culte des entraves, avec faculté de serrer tous les jours.

Non seulement ce décret contre les Fabriques est inique en soi, non seulement il méconnait leur caractère essentiellement confessionnel, non seulement il enlève au clergé et à l'Eglise en France le dernier reste de son indépendance, mais il impose une comptabilité impraticable, afin d'obliger les conseillers à donner leur démission. Puis, en dépit de l'ordonnance de 1825, on en nommera d'autres, choisis

Cette persécution n'a pas eu d'exemple dans le passé. Le résultat naturel des persécutions fut toujours de resserrer les liens entre les fidèles et les prêtres ; celle-ci, mille fois plus désastreuse pour l'Eglise que les supplices violents et la mort, sépare les ouailles de leurs pasteurs (1).

---

parmi les hérétiques, les juifs, les libres penseurs, les athées !... Les affaires reprendront leur marche ; et les catholiques et le curé seront, dans la paroisse, les seuls à n'avoir aucune part à la direction du culte, à l'aménagement de l'Eglise. Messes, aumônes, funérailles, œuvres, quêtes, tout ce qui est dans les attributions du prêtre sera réglé par l'usurpation laïque. En d'autres termes, après avoir tant dit qu'il faut confiner le prêtre dans son Eglise, on le chassera de l'Eglise comme on l'a chassé de l'école, des hôpitaux, de l'armée, etc...

Et les Evêques ? Déchus de leur rôle d'administrateurs et de surveillants des biens ecclésiastiques, les Evêques ne seront plus que de simples agents de transmission, des intermédiaires sans initiative et sans autorité entre des Conseils de Fabrique hostiles et un gouvernement franc-maçon. On rira des Budgets et des Comptes des Eglises, du casuel du curé, et de la suppression de son traitement, sur les places publiques et au cabaret. Et la religion, le culte, les ministres de Dieu achèveront de tomber dans le mépris qu'accompagne tout esclavage.

(1) Certains catholiques même, d'un talent incontesté mais d'un zèle intempérant et aveugle, vont jusqu'à livrer l'Episcopat et la direction suprême du Siège apostolique aux discussions puis au mépris et à la condamnation d'une presse qui a combattu longtemps un bon combat, et se devrait à elle-même plus de fidélité à son passé. Moins entraînés par les passions du moment ces catholiques comprendraient sans peine que nos Pasteurs, chargés de toute la responsabilité de la lutte, et en plein champ de bataille, ne sont pas précisément dans la sécurité d'un bureau de rédaction. Ils ont à sauver une société qui se meurt, et, en face de cette situation critique on devrait reconnaître que la prudence des actes doit être aussi utile que la violence des attitudes. Dans ce cas, le devoir des catholiques est d'obéir aveuglément à ceux que l'Esprit Saint dirige ; et les plus vaillants soldats, fussent-ils les plus spirituels des journalistes, n'ont d'autre prérogative que d'être les plus soumis. Une partie notable de

Trois fois seulement dans son existence séculaire l'Eglise a été en face d'un pareil attentat : à l'époque de l'empereur Julien, puis dans ces jours néfastes du Bas Empire quand Photius entraîna dans le schisme l'Eglise d'Orient tout entière, enfin aux XIVe et XVe siècles dans l'épreuve lamentable du Grand Schisme d'Occident : aucune de ces crises n'est comparable à la crise contemporaine.

A ces époques de grande incertitude, la foi avait son drapeau de ralliement ; aujourd'hui cette suprême espérance semble manquer ; on a enlevé au peuple chrétien sa confiance dans l'autorité de l'Eglise enseignante. Pendant que le monde subit une impiété inconnue jusqu'à ce jour, les fidèles ignorants comme des païens et ne pouvant être préservés de l'incrédulité et de l'irréligion que par la foi et la confiance en leurs prêtres, se défient d'eux comme de leurs pires ennemis (1). N'est-il pas évident que si

---

la presse qui se croit catholique aurait dû comprendre cela, surtout après les paroles si graves que le Saint Père écrivait à leur sujet à Mgr de Bordeaux dans une lettre du 3 août 1893 : «... Nous ne pouvons nous soustraire au sentiment « qui nous fait supporter avec peine et désapprouver grave- « ment l'audace de quelques hommes, qui, se recommandant « du nom de catholiques et de leur attachement à la religion « des ancêtres, se laissent emporter par l'esprit de parti au « point qu'ils n'hésitent point à attaquer violemment, par « des écrits injurieux livrés à la publicité, les plus hauts « dignitaires de l'Eglise et n'épargnent même pas au Pontife « Suprême leurs critiques acerbes... Il est à la fois malheu- « reux et absurde qu'il puisse se rencontrer quelqu'un qui, « se vantant d'avoir plus de souci de l'Eglise que Nous- « même, s'arroge de parler en son nom contre les enseigne- « ments et les prescriptions de Celui qui est en même temps « le protecteur et le chef de l'Eglise...»

(1) Ces aveugles appellent par leurs votes et placent à la tête de toutes les administrations, des incrédules, des francs-maçons, des Juifs, quand au contraire ils auraient besoin de faire de vigoureux efforts pour secouer le joug.

cette situation se prolonge, accompagnée de la laïcisation de l'enseignement à tous les degrés, aggravée de la suppression de toutes les libertés ecclésiastiques, de tout ce qui constitue la personnalité de la religion catholique, scellée enfin de tout ce que les sectes nous préparent encore, n'est-il pas évident qu'une situation pareille c'est, ***humainement parlant***, la fin de l'Eglise ? (1).

S'il est beaucoup de chrétiens qui ne voient pas ce péril imminent, c'est, nous le disions tout à l'heure, qu'ils sont frappés d'aveuglement, et que, d'ailleurs, leur foi est si molle que cela ne les émeut pas du tout ; mais nos ennemis sont plus clair-

---

(1) Ce que les sectes nous préparent on en peut juger par ce vœu du 12 juillet 1893.

Art. Ier. — Toutes les congrégations, communautés et associations religieuses quelconques d'hommes ou de femmes, autorisées ou non autorisées, actuellement existantes, seront dissoutes, et leurs biens, meubles ou immeubles, feront retour à l'assistance publique

Art. II. — Aucune association religieuse, sous quelque dénomination que ce soit, ne pourra se former ni en fait ni en droit dans toute l'étendue du territoire français.

Art. III. — Tout citoyen français qui se déclarerait propriétaire des couvents, maisons, chapelles, terres, biens, meubles et immeubles servant à des congrégations ou associations religieuses, devra, dans le délai de trois mois, à partir de la promulgation de la nouvelle loi : 1o Faire valoir ses titres de propriété, sous peine de voir lesdits biens revenir à l'Etat pour être reversés à l'Assistance publique ; 2o Expulser des locaux et biens susdits les membres des congrégations dissoutes qui déclareraient vouloir y habiter individuellement ou non. Par le fait de la présence des ex-congréganistes dans ces mêmes locaux et biens, les dits biens et locaux seraient réputés propriétés des congrégations dissoutes et confisqués comme telles.

Art. IV. — Toute fraude relative aux titres de propriété que l'on ferait valoir en vertu de l'article précédent, fraude ayant pour but de conserver ou de faire passer aux congrégations dissoutes en France, mais existant encore à l'étranger, la propriété des biens et locaux énoncés à l'article III, serait punie de la perte desdits biens, indépendamment des peines édictées par la loi nouvelle qui seraient également appliquées à tous auteurs de tentative de fraude.

Art. V. — Tout propriétaire étranger qui ne se conformerait pas aux prescriptions de l'article III serait, en outre, immédiatement expulsé du territoire français.

Art. VI. — Ne peuvent porter un costume religieux que les évêques, prêtres et vicaires, pasteurs ou rabbins, qui sont payés par le budget des cultes, et *seulement dans l'exercice du culte.*

Art. VII. — Tous laïques, tous séminaristes, prêtres libres, moines, Frères et Sœurs vivant ou non en commun, qui porteraient un costume religieux, seront punis de la *prison* et de la perte de leurs *droits civils et politiques.*

Art. VIII. — Sont également punis de la perte de leurs droits civils et politiques tous ceux qui, directement, chercheraient à favoriser le rétablissement clandestin ou au grand jour des congrégations, ou qui tenteraient de faire revivre, sous quelque forme que ce soit, les pratiques ou les règles de la vie monastique ou congréganiste.

Art. IX. — Les contrevenants aux dispositions des articles précédents seront punis de *100 à 10,000 francs* d'amende et de... à... *de prison.*

(La R.·. L.·. Ch.·. l'Encyclopédique de Toulouse)

voyants, et ils disent entre eux le mot du prince Napoléon : « Si l'Eglise y échappe je croirai à sa divinité ! »

Du reste quand on veut se rendre compte des périls qui menacent l'Eglise ce n'est pas assez d'interroger ses amis et ses ennemis, il faut la regarder elle-même, il faut voir ses préoccupations, ses inquiétudes, entendre ses prières. Là est la grande lumière. Dieu a donné à son Eglise l'intuition surnaturelle des crises qu'elle doit traverser, pour qu'elle puisse se préparer à tenir tête à l'orage. Or a-t-on jamais vu une pareille inquiétude dans l'Eglise, de si noirs pressentiments ? L'a-t-on jamais entendue réciter des prières comme celles qui suivent maintenant le saint sacrifice de la messe : des exorcismes, de vrais exorcismes « contre les démons qui courent de tous côtés, afin que Dieu les rejette en enfer : *Satanam aliosque spiritus malignos qui pervagantur in mundo in infernum detrude* ? »

Donc le Grand Coup est nécessaire comme acte de providence en faveur de l'Eglise, et, puisque l'Eglise a des promesses immortelles, il aura lieu. C'est ce que proclamait Pie IX dans son allocution du 22 juin 1871, alors que le mal était encore loin des proportions actuelles : « Le Seigneur, disait-il, viendra à notre secours... Il me semble qu'il se prépare déjà à faire, pour le moment désigné par la divine sagesse, un miracle si sublime que le monde en sera dans la stupéfaction. » — Il disait encore à un évêque d'Orient : « Le monde est plongé dans le mal, il ne peut continuer comme cela ; une main humaine est impuissante à le sauver : il faut que la main de Dieu se manifeste visiblement, et je dis : Nous verrons cette main divine avec les yeux de notre corps. »

Aux yeux de la raison, le Grand Coup aura lieu

en vertu de deux lois divines : la loi de providence et la loi de justice, qui n'ont jamais manqué de s'accomplir. Nous venons de voir la première loi, il nous reste à parler de la seconde.

2° Loi de justice

C'est une loi de l'histoire que l'hérésie et l'impiété, quand elles se sont généralisées, ont été rudement châtiées toujours (1). Rappelons-nous les châtiments du siècle de Luther et de Calvin, les guerres de religion, les incendies ravageant l'Europe... Or *l'athéisme, le matérialisme, le spiritisme, le lucifériaanisme* de notre siècle l'emportent infiniment en perversité et en impiété sur l'arianisme, sur le protestantisme, sur toutes les hérésies ensemble du passé. Et ces quatre choses, ces quatre abîmes d'iniquité, matérialisme, athéisme, spiritisme, lucifériaanisme, sont des extrêmes qui se rencontrent dans une haine profonde de la foi chrétienne ; qui résument toutes les hérésies et sont l'absolue négation de tout le dogme chrétien.

L'erreur obtient de la sorte son horrible unité : mensonge total dans son principe, et total dans sa conclusion. Telles les Ecritures nous la montrent, au delà de la naissance des mondes, dans les mystérieuses profondeurs de la lutte angélique, telle elle apparaît, par son émiettement partiel, dans les hérésies des jours passés depuis l'incarnation, telle elle renait immortelle et formidable dans la monstrueuse concentration de tous ses éléments aux derniers

---

(1) Lactance dans un livre célèbre *De morte persecutorum* a fait admirablement ressortir que cette loi de justice divine de la mort misérable des empereurs romains persécuteurs, a son application pour tous les individus constitués en dignité qui persécutent l'Eglise.

jours de la race humaine. *Matérialisme*, *Athéisme*, *Lucifèrianisme*, *Spiritisme*, c'est toujours le Fils de la Vierge montré, dans les lointains de l'avenir, aux anges révoltés et repoussé par le cri blasphématoire du prince des démons : *Non serviam* ! *Similis ero Altissimo* !

Matérialisme tout est matière ; **Spiritisme**, les Esprits sont les maîtres du monde ; **Athéisme**, Dieu n'est pas ; **Lucifèrianisme**, Lucifer est le Dieu bon : contradictions inouies et brutales dans leur audace, infernale synthèse du mal depuis les temps où les siècles n'étaient pas nés, jusqu'à son affreuse renaissance aux jours où les siècles vont mourir. C'est toujours Jésus, le grand signe de contradiction prédit au mystère de la Présentation au temple ; mais ici, signe d'une contradiction totale comme seule elle peut sortir des intelligences angéliques dévoyées. Or Jésus contredit, c'est Marie contredite aussi, Marie la victorieuse des tronçons du Serpent, puisque seule elle a tué, dit l'Eglise, toutes les hérésies dans tout le cours de l'histoire, mais Marie victorieuse aussi de la tête du Serpent puisque la prophétie première, la prophétie du paradis terrestre disait : *Ipsa conteret caput tuum*.

Elle se lève pour accomplir son œuvre annoncée dans cette prophétie fameuse.

La Vierge, la Reine outragée, est descendue du ciel sur la montagne de la Salette pour avertir son peuple qu'une lutte terrible allait s'engager, qui surpassera toutes celles qu'elle a déjà livrées à son irréconciliable ennemi. Quoique environnée, invisiblement mais réellement comme Reine, de sa Cour, elle se montre seule, *Sola interemisti*, pour cette lutte décisive entre le Serpent et la Femme, entre Lucifer et la Vierge-Mère. L'issue de la bataille ne saurait être douteuse : mais si la victoire sera certaine du côté du ciel, la résistance sera formidable du côté de l'enfer. « Malheur à la terre et à la mer, dit une voix qui vient du ciel, car le démon descend vers vous avec une grande colère, sachant que peu de temps lui reste encore : *Væ terræ et mari, quia descendit diabolus ad vos, habens iram magnam sciens quod modicum tempus habet.* » (Apoc. 12.12) L'agonie du dragon sera épouvantable ; et le triomphe universel de l'Eglise par sa Reine bien aimée le plus grand qu'elle aura jamais eu !

Où s'arrêtera la vengeance de Dieu vengeant sa mère insultée.....vengeant ses christs (ses prêtres) livrés au mépris, *Nolite tangere christos meos.....* vengeant son Eglise enchaînée, dont la liberté est de ce qu'il a de plus cher au monde, « car Dieu n'aime rien tant au monde que la liberté de son Eglise » a dit l'illustre Baronius dans ses Annales ? Où s'arrêtera la vengeance du ciel sur le monde redevenu *chair* comme immédiatement avant le déluge ?,.... Elle ne peut s'arrêter que devant le repentir ; or la nature de ces crimes est de ceux qui aveuglent et endurcissent : les hommes, malgré la grandeur des maux dont ils sont menacés et la multiplicité des avertissements célestes ne savent point crier miséricorde. Jonas trouverait-il aujourd'hui une Ninive capable de s'humilier ?....

Eclairés par tant de signes divins et humains sur la certitude d'une catastrophe imminente et suprême, nous attendrons avec *crainte* le passage de la justice de Dieu, avec *humilité* le discernement qu'il fera des bons et des mauvais, avec *espérance* le grand triomphe. *Cum exarserit in brevi ira ejus beati omnes qui confidunt in eo.*

Il nous reste à calculer, s'il est possible, la date

prochaine de ce grand événement. Nous pourrons nous tromper sur la fixation de cette date, mais l'événement viendra certainement à son heure, et en l'attendant, à genoux ! et prions ; car il ne reste au monde coupable que l'humilité pour refuge et l'invocation comme dernier espoir.

DEUXIÈME PARTIE

La Date du Triomphe

CHAPITRE V

LE TRIOMPHE EST PROCHE : PRINCIPAL ÉLÉMENT POUR EN CALCULER LA DATE

On peut se demander comment se réalise jusqu'ici notre épigraphe : *Consolatus est lugentes in Sion* ? Comment ces prophéties peuvent-elle nous consoler ?... Qu'annoncent-elles autre chose que des fléaux toujours croissants, avec le triomphe final, il est vrai, mais **quand???**... Nous allons démontrer que ce triomphe est proche, et même fixer avec beaucoup de probabilité sa date au **19-20 septembre 1896**.

Remarquons d'abord que le Grand Coup se compose de deux éléments : un grand fléau et un grand triomphe. L'élément principal, n'en doutons pas, c'est le triomphe : car il est décrété *absolument* ; le fléau ne l'est que *conditionnellement* comme toutes les prophéties comminatoires : « Si mon peuple ne veut pas se soumettre ; » donc il n'aura lieu que dans la mesure nécessaire pour renverser l'obstacle au triomphe.

Pour la seconde partie de cette étude, je prie le lecteur de m'accorder le plus d'indulgence possible : car il est difficile d'interpréter *un détail prophétique* avant l'accomplissement (1), et de tous les détails le plus difficile est **une date.** Il est extrêmement rare qu'on arrive à la calculer. Je ferai part de mes raisons sans prétendre imposer ma conviction. *Certifier* que le triomphe prédit arrivera *exactement* le 19-20 septembre 1896 serait présomptueux. Indiquer avec certitude l'époque précise fut toujours un obstacle insurmontable à ceux qui étudient l'avenir, car pour des desseins mystérieux, il plaît très rarement à Dieu de la révéler. C'est là son secret. Toutefois on verra que les calculs qui permettent de fixer cette date au 19-20 septembre 1896 sont sérieux; que la découverte de cette date n'est pas due au hasard, mais à un enchaînement de déductions cherchées, et trouvées presque mathématiquement.

Qu'on suive avec la plus grande attention les raisonnements et qu'on en discute les prémisses et les conclusions... Sur toute chose aujourd'hui, pour se faire une opinion, on ne procède pas comme autrefois. On veut avoir avant tout des renseignements, on veut connaître le pour et le contre, on recherche

---

(1) Les détails échappent d'ordinaire, à l'analyse et ne peuvent être bien entendus qu'après. Par exemple, la prédiction de la chute de Napoléon III « Quand il voudra être à la fois pape et empereur » s'est réalisée à merveille ; il était cependant impossible de bien entendre ce que cela signifiait. Les devises de saint Malachie sur chaque pape défient toute interprétation anticipée. Mais si les prophéties présentent des difficultés sérieuses avant l'événement, elles ne sont pas toujours inexplicables. Jésus-Christ, au contraire, nous avertit d'être attentifs à *comprendre* ce que nous y lisons : « *Qui legit intelligat* » et saint Jean nous dit jusqu'à sept fois dans l'Apocalypse ; « *Qui habet aures audiendi audiat, que celui-là entende qui a des oreilles pour entendre.* »

moins une opinion toute faite que les moyens de s'en faire une, c'est-à-dire les documents essentiels sur lesquels toute opinion repose. Ce sont des documents de ce genre que nous allons fournir.

Nous avons vu que, d'après N. D. de la Salette, le triomphe suivra immédiatement la grande catastrophe : « *La terre deviendra comme un désert, dit-elle. Alors se fera la paix, la réconciliation de Dieu avec les hommes.* » Mais nous avions vu précédemment, toujours d'après N. D. de la Salette, que cette catastrophe arrivera après 35 ans et plus de châtiments. « **Dieu abandonnera les hommes à eux-mêmes, et enverra des châtiments qui se succèderont pendant PLUS de 35 ANS.** » C'est cette dernière phrase, qui va nous permettre de calculer la date probable, très probable de la catastrophe et du triomphe.

Le point capital est de connaître d'abord avec certitude quand ces 35 ans et plus ont **commencé ?**

Il est surprenant que ceux qui se sont occupés de cette question ne se soient pas mis en peine de bien établir ce point capital. Sans discussion, sans examen, sans tenir compte par conséquent de l'avertissement divin *qui legit intelligat*, la plupart ont regardé comme évident que les 35 ans et plus avaient *commencé* le jour où la Sainte Vierge faisait cette révélation, c'est-à-dire le 19 septembre 1846. Qu'est-il arrivé ? Nous avons eu l'occasion de le dire : il est arrivé qu'ils ont publié que tout serait fini en 1881 ou peu après, car 1846 plus 35 les conduisait à cette date finale. Et comme, au lieu de finir, la persécution n'a fait que grandir, ils disent, depuis longtemps, qu'ils n'y comprennent rien, qu'il doit y avoir dans le texte du Secret une erreur de chiffre. L'erreur n'est que dans leur point de départ, fixé par eux arbitrairement. D'autres ont compté ces 35 ans, du jour où Mélanie pouvait publier son secret, c'est-à dire, du 1er janvier 1858. Pourquoi ? Et pourquoi d'autres du milieu de cette même année 1858 ?... Chacun trouvait, sans doute, sa date évidente. C'était en tout cas plus court et plus facile que de chercher cette vraie date. Non pas qu'elle soit difficile à trouver, mais encore faut-il la chercher. Cette vraie date c'est peut-être la guerre de 1870 ; mais *beaucoup plus probablement la guerre d'Italie, 29 avril 1859*. Je vais le démontrer par l'histoire et par les termes mêmes du Secret. Ce sera l'objet du chapitre VI. Dans le chapitre VII nous calculerons la date *finale* imparfaitement déterminée par l'expression *plus de* 35 ans, et nous trouverons, comme extrêmement probable, le 19-20 septembre 1896.

CHAPITRE VI

LES PLUS DE 35 ANS DE CHATIMENTS AVANT LE TRIOMPHE ONT TRÈS PROBABLEMENT COMMENCÉ LE 20 AVRIL 1859.

Nous le démontrons par l'histoire, et par la prophétie de la Salette. Preuve historique, preuve prophétique.

1° PREUVE HISTORIQUE

Dans cette annonce de « châtiments qui *se succéderont* pendant plus de 35 ans », il suffisait de remarquer un mot pour ne confondre cette période avec aucune autre : le signe distinctif de ces châtiments c'est leur longue durée sans interruption : « *ils se succéderont.* »

C'est un signe bien distinctif que cette succession de châtiments pendant plus de 35 ans. De tout temps sans doute des fléaux ont ravagé la terre, mais ils espaçaient leurs apparitions, tandis que ceux de la période susdite ne les espacent point, *ils se succèdent*, voilà le signe !... Ce mot seul aurait dû faire comprendre que la période n'avait pas commencé en 1846 ; puisque les châtiments d'alors ont duré quatre ans au plus, et ont été suivis d'une assez longue prospérité matérielle et paix religieuse. Avec un signe pareil il est impossible de s'y tromper pour peu qu'on observe.

Mais, direz-vous, ce signe convient à merveille aux châtiments dont souffrent la société et l'Eglise depuis de longues années ? C'est vrai ; aussi, de l'avis de tout le monde, sommes-nous en plein maintenant dans la période. Cherchons donc son point de départ en ne perdant pas de vue *le signe* ; c'est-à-dire, remontons d'année en année dans le passé jusqu'à ce que nous arrivions à une année de prospérité matérielle et de paix religieuse. En procédant de cette façon nous serons certains de trouver la véritable date initiale, de la placer ni trop près ni trop loin. A la première année que nous rencontrerons sans fléaux nous nous arrêterons ; parce que celle-là ni les précédentes ne comptent plus. Voilà qui est clair, incontestable. C'est un raisonnement brutal comme un chiffre, sans réplique comme un théorème de géométrie. Eh bien, en remontant ainsi nous arrivons certainement jusqu'à la funeste guerre de 1870, et même, nous le prouverons, jusqu'à la guerre d'Italie, sans trouver d'arrêt dans les fléaux ; mais nous ne pouvons remonter au delà, car immédiatement avant nous trouvons une interruption considérable.

Avant la guerre d'Italie, 29 Avril 1859, nous trouvons une période de trois ans de prospérité matérielle générale, et une période d'environ neuf ou dix ans de paix religieuse également partout. Pendant ces neuf ou dix années, il n'y a eu de fléau que la maladie du blé et la cherté des vivres en 1854-55 et 1856 ; encore n'était-ce pas la famine.

Mais la guerre de Crimée 1854-1855 ? Il serait inexact d'appeler un châtiment pour la chrétienté cette guerre glorieuse, à la suite de laquelle la France catholique occupa une situation prépondérante en Europe et en Orient. Même observation au sujet des petites guerres d'Algérie contre les Kabyles révoltés.

Objectera-t-on l'attentat d'Orsini, ce crime isolé, où l'Empereur, protecteur jusqu'à ce jour de l'Eglise catholique, fut visiblement protégé du ciel ? Si l'on veut, contre toute vraisemblance et parce qu'on ne trouve rien autre chose, donner à ce crime l'importance d'un fléau et le caractère d'un châtiment céleste, encore faut-il renoncer à y voir le commencement de la période des châtiments *ininterrompus* de plus de 35 ans, puisqu'il a précédé la guerre d'Italie de plus de 15 mois ; et que du 14 Janvier 1858, date de l'attentat d'Orsini, au 29 Avril 1859, date de la déclaration de la guerre d'Italie, le monde a joui d'une paix absolument sans nuage.

La période des châtiments ininterrompus n'a donc pas commencé l'année de l'apparition, puisque les fléaux d'alors n'ont duré que quatre ans : 1846 à 1850. Cette période n'a pas commencé non plus à une autre date avant la guerre d'Italie, puisque de 1850 à 1859, on ne trouve qu'un fléau. Mais nous disons qu'elle a commencé le 29 avril 1859, car depuis cette date il n'est pas facile de trouver un arrêt marqué dans les châtiments. Voilà le signe !

Le premier de ces châtiments, et certes il est

grand, c'est l'abaissement *continu*, la déchéance politique et religieuse des nations catholiques les unes après les autres. Ouvrons l'histoire.

1859. — Défaite et abaissement de l'Autriche. Renversement du Grand Duc de Toscane. Soulèvement des Romagnes, dans lesquelles le pape perd la plus riche partie de ses possessions. Tel est le bilan de l'année qui commence les châtiments.

1860. — Garibaldi débarque en Sicile ; puis occupe Naples. Cialdini envahit sans déclaration de guerre les Etats de l'Eglise et écrase l'armée de Lamoricière : le Pape est dépouillé des Marches et de l'Ombrie. Les chrétiens du Liban sont massacrés en masse.

1861 et **1862.** — Le gouvernement moscovite profane les églises de Pologne et emprisonne les évêques. Insurrection de la Pologne sous la conduite de Langierwicz.

1863. — La persécution redouble : les ecclésiastiques sont déportés ou mis à mort ; des familles, des populations entières ont à choisir entre l'exil et l'apostasie ; tous les évêques sans exception sont chassés de leurs sièges, et l'on en voit mourir sur les routes de la Sibérie.

1864. — Hostilité croissante de Napoléon III contre le Pape, les évêques et les catholiques. Il défend qu'on publie en France le Syllabus.

1864 et **1865.** — Premier acte de l'œuvre de formation de l'unité allemande : guerre contre le Danemark : la Prusse lui enlève les duchés de Lauenbourg et de Sleswig.

1866. — Sadowa, nouvel affaiblissement de l'Autriche et nouvel agrandissement de la Prusse. La France perd par l'aveuglement de l'Empereur la prépondérance qu'elle avait en Europe depuis la guerre de Crimée ; prépondérance qui passe à une nation protestante.

1867. — Les bandes garibaldiennes, envahissent, sur toutes les frontières, ce qui reste des Etats de l'Eglise. Cialdini s'y jette à son tour avec 45.000 hommes sous prétexte de les défendre. Extrême misère des catholiques d'Irlande : un grand nombre meurent de faim.

1868. — Révolution militaire en Espagne qui renverse du trône la reine Isabelle. Les suites de cette révolution nous amèneront la guerre de 70 avec l'Allemagne, quand les Cortès voulant rétablir la royauté offriront la couronne au prince de Hohenzollern.

1869. — Guerre de presse encouragée par l'Empereur, contre le Concile. Polémiques scandaleuses dans le public sur l'opportunité de la définition de l'infaillibilité qui furent le prélude du schisme des Vieux catholiques.

1870. — La France tombe écrasée sous le poids des armées allemandes. La révolution entre à Rome. Suppression du pouvoir temporel.

A cette liste déjà longue des châtiments qui se sont succédé pendant ces onze années, il faut encore ajouter : le choléra d'Algérie en 1859 ; la fréquence soudaine et continue des morts subites depuis 1860 ; la guerre de sécession qui déchira pendant quatre ans, de 61 à 65, les Etats-Unis et couta 600.000 victimes aux deux partis. Les combats de cette guerre civile sont au nombre des plus sanglants dans l'histoire du monde, et des plus ruineux : le Nord, à lui seul, appela aux armes plus de deux millions d'hommes et dépensa quinze milliards. — Il faut ajouter : la guerre du Mexique de 62 à 67, dans laquelle la France dépensa beaucoup d'argent et de soldats pour rien, et dut piteusement se retirer sur l'injonction des Etats-Unis, laissant aux mains de Juarez qui le fusilla le malheureux Maximilien que Napoléon avait entraîné là-bas. — Il faut ajouter : de grandes inondations en 65 ou 66 ; et enfin le terrible choléra de Paris de septembre 1865 à janvier 1867.

Ainsi les châtiments se sont succédé *sans arrêt* depuis la guerre d'Italie jusqu'à la guerre de 1870.

Il est inutile de poursuivre cette énumération jusqu'à nos jours, car depuis 1870 les châtiments ont eu un caractère de gravité et d'universalité sans arrêt tel qu'ils ont fait presque oublier ceux qui avaient précédé et que nous venons d'énumérer. Depuis 1870 la succession ininterrompue des châtiments ne fait donc pour personne l'ombre d'un doute. L'unité italienne révolutionnaire achevée par la prise de Rome, et l'unité allemande par l'amoindrissement de la France, la franc maçonnerie, l'hérésie et la juiverie font, depuis, la loi en Europe. Bismarck vainqueur commença aussitôt d'opprimer les consciences catholiques et suscita le Kulturkampf. Son exemple fut suivi en Suisse, en Italie, en France, dans les petites républiques de l'Amérique centrale etc. La destruction de l'Eglise avance lentement mais sûrement sur toute la terre. Tous les jours ce sont de nouvelles lois sacrilèges, d'une habileté et d'un esprit de suite sataniques : religieux chassés et spoliés ; laïcisation des hôpitaux et des écoles ; profanations des séminaires et mêmes des prêtres en les arrachant à l'autel pour les envoyer à la caserne ; main mise sur les Fabriques ; le nom de Dieu banni du langage officiel, etc.

Les malheurs temporels ont marché de pair : épidémies sur les hommes, sur les bestiaux, sur les productions du sol ; sinistres sur la terre et sur la mer (1), inondations, températures excessives, tremblements de terre, désastres financiers gigantesques, grèves socialistes internationales, guerres civiles, rien n'a manqué. Et déjà l'anarchie s'avance et fait entendre la voix de la dynamite. Donc il est démontré par l'histoire que depuis le 29 avril 1859, les châtiments se sont succédé sans interruption, et qu'auparavant il y avait eu une période de plusieurs années de paix religieuse et de prospérité matérielle. Donc le point de départ de la période de 35 ans et plus de châtiments prédite paraît bien être le 29 avril 1859.

2° Preuve prophétique

Les calculateurs inattentifs qui se sont trompés en prenant pour point de départ de cette période soit la date de l'apparition, 19 septembre 1846, soit la date à laquelle le secret pouvait être publié, 1er janvier 1858, n'avaient donc qu'à interroger l'histoire pour éviter ces erreurs. Nous allons voir, en quelques lignes, qu'ils n'avaient pas même besoin d'interroger l'histoire, qu'il leur suffisait de lire attentivement le texte de la prophétie, (*Qui legit intelligat*), car il

(1) Comment se fait-il que ces fléaux sont si vite oubliés ? Qui se rappelle ces tremblements de terre qui ont bouleversé des contrées, détruit des villes, causé dix mille, vingt mille décès en quelques minutes, il y a une dizaine d'années ? Et pour citer un exemple tout récent : **personne** déjà ne se souvient de la cyclone de décembre 1893. Et pourtant combien de vies et de fortunes furent englouties ! On en jugera par ces lignes de la *Croix* du 7 janvier dernier :

Depuis plus de deux mois des pourparlers étaient engagés entre les différentes nations maritimes, en vue de communes mesures à prendre pour détruire **deux ou trois cents épaves de navires naufragés** *qui encombrent les grandes lignes de navigation de l'Atlantique depuis les effrayantes tempêtes de décembre et de janvier, etc,* indique très clairement que les châtiments dont il y est question ont commencé en 1859, *ni plus tôt, ni plus tard.*

Ils n'ont pas commencé *plus tôt*, puisque la S. Vierge veut que Mélanie attende 1858 pour les annoncer, et qu'à cette date elle les fait prédire **au futur** : « Vous pourrez le publier en 1858... Dieu *va* « frapper d'une manière sans exemple... Dieu *va* « épuiser sa colère et personne ne *pourra* se sous- « traire à tant de maux réunis... On *souffrira*... « Dieu *abandonnera... enverra* des châtiments qui « se *succéderont* pendant plus de 35 ans ».

Ils n'ont pas commencé *plus tard*, car en 1858 elle annonce que « La société est **à la veille** des fléaux. » Littéralement et sans métaphore, la veille d'une année est celle qui précède immédiatement. Et puis pourquoi cette recommandation : « Que le Vicaire de mon Fils, le Souverain Pontife Pie IX ne sorte plus de Rome après l'année 1859? » Sinon parce que déjà les fléaux auront commencé (1), et qu'il ne pourra plus voyager en sécurité dans ses propres Etats. En effet, aussitôt après la guerre d'Italie et la paix de Zurich, 22 septembre 1859, les populations de la Toscane et des Romagnes excitées par les menées piémontaises votaient leur annexion au

---

(1) « *Jam inde ab anno MDCCCLIX etc. Dès l'année 1859,* « le pape Pie IX, de sainte mémoire, en vue d'obtenir le « secours de Dieu que réclamaient les *difficultés et la rigueur* « *des temps*, prescrivit que, dans toutes les églises des Etats « pontificaux, on récitât, après la célébration du très saint- « sacrifice de la messe, certaines prières auxquelles il avait « attaché des indulgences. Ce sont ces mêmes prières, mo- « difiées en quelques parties, que N. T. S. P. le pape « Léon XIII a jugé opportun de faire réciter dans le monde « entier maintenant après la messe par tout le peuple chré- « tien, etc... » (Décret du 6 janvier 1884).

Piémont. Aussi Pie IX ne sortit plus après 1859. Une fois seulement il alla à Castelgondolfo, à quatre lieues sud-ouest de Rome, mais ce palais est une succursale du Vatican : on l'a laissé comme tel au pape prisonnier. Pie IX n'est plus sorti comme roi.

Concluons : il paraît démontré par les termes de la prophétie et par l'histoire que les châtiments prédits, ces « châtiments qui se succéderont pendant plus de 35 ans » ont commencé pour la guerre d'Italie, le 29 avril 1859.

CHAPITRE VII

LES « PLUS DE 35 ANS DE CHATIMENTS » FINIRONT TRÈS-PROBABLEMENT LE 19-20 SEPTEMBRE 1896

Le chapitre précédent était très important, mais uniquement comme préparation à celui-ci. La date initiale de cette période de plus de 35 ans de châtiments qui doivent précéder le grand triomphe demandait à être déterminée avec une certitude aussi grande que possible. Aussi avons-nous apporté à cette recherche et à cette démonstration un soin tout particulier.

Maintenant que la date *initiale* de la période qui sert de base à nos calculs semble être bien établie, nous allons chercher la date *finale*, cette date mystérieuse où tout semblera perdu, disent les prophéties, et par un miracle tout sera sauvé ; cette date où, soudainement, la divinité de l'Eglise sera manifestée à des nations entières qui se convertiront en masse ; cette date d'un événement si prodigieux que la presque universalité des voyants l'ont annoncé.

Les fléaux qui, jusqu'à cette date, vont aller croissant, le dernier fléau surtout sera-t-il atténué ? Nous l'ignorons et nous tremblons. Nous savons qu'il dépend des hommes que la miséricorde arrête le bras de la justice, car le repentir a cette puissance ; mais nous craignons qu'ils ne forcent, par leur aveugle et coupable obstination, la justice à frapper sans miséricorde. Cependant c'est pour consoler ceux qui pleurent en Sion que ces prophéties leur ont été envoyées du ciel. « *Spiritu magno vidit ultima et consolatus est lugentes in Sion.* » Ce que nous savons, ce dont nous avons au cœur l'inébranlable conviction, et même la foi, c'est que persécutions, fléaux, catastrophes, extermination d'une partie de la race humaine, tout cela tournera à la confusion des ennemis de l'Eglise et au triomphe de la vérité. Là dessus nous n'avons aucun doute, parce que nous avons la parole même de Dieu : « Ils ne prévaudront pas, *non prævalebunt.* »

A quelle date finira cette ère malheureuse et éclatera subitement la gloire de Dieu, nous allons le calculer par les termes de la prophétie de la Salette et par de nombreux rapprochements historiques et coïncidences harmonieuses. Les termes de la prophétie nous donneront la date à deux ans près seulement, mais cette date approximative sera certaine. Les rapprochements et coïncidences donneront l'année même et le jour, mais cette date précise ne sera que très probable. En un mot, le triomphe arrivera certainement de 1894 à 1899, et très-probablement le 19-20 septembre 1896.

1° DATE APPROXIMATIVE MAIS CERTAINE

A. Par les termes de la prophétie de la Salette : « Dieu enverra des châtiments qui se succéderont pendant plus de 35 ans... Alors se fera la paix, la réconciliation de Dieu avec les hommes... »

Prenons les expressions dans leur sens littéral et obvie comme nous avons fait jusqu'ici. « Une règle générale, dit Saint Augustin, qu'il est toujours imprudent et dangereux de négliger, c'est de suivre le sens littéral et obvie tant qu'une raison sérieuse ou la nécessité ne forcent pas de le laisser » (Encyclique de Léon XIII sur l'Etude des Livres Saints). Or, quel vous semble être le sens littéral et naturel de l'expression « plus de 35 ans ? » N'est-ce pas : *de 35 à 40* ? (1) Ajoutons donc 35 à 40 ans au 29 avril 1859, date admise du commencement des châtiments, nous obtiendrons une période de 5 ans qui a commencé le 29 avril 1894 et finira le 29 avril 1899, dans laquelle se produira certainement le grand coup.

B. Toutes les autres prophéties qui contiennent des éléments pour calculer la date du grand coup paraissent d'ailleurs confirmer qu'il se produira avant la fin du dix-neuvième siècle. « *Pax erit reddita seculo* » dit en propres termes la prophétie Augustinienne : « La paix sera rendue au dix-neuvième siècle » (2).

---

(1) Une personne qui a plus de 35 ans c'est une personne qui a de 35 à 40 ans. On ne se servirait pas de cette expression si on la savait âgée de plus de 40 ans.

(2) La *Revue des Deux Mondes*, page 1315, contenait l'article suivant de John Lemoinne (15 septembre 1855) :

« *Puisque nous en sommes aux prophéties, mentionnons aussi les prédictions : l'auteur (le docteur Cumming) en cite une assez curieuse, tirée d'un vieux livre qui se trouve à la bibliothèque Augustinienne, à Rome, et qui porte la date de 1675.*

« *Avant le milieu du* XIXe *siècle, il y aura des séditions de toutes parts en Europe. Il s'élèvera des républiques ; il y aura des rois, des grands, des prêtres mis à mort, et les religieux abandonneront leurs couvents. Des famines, des pestes, des tremblements de terre dévasteront les villes en grand nombre. Rome perdra le sceptre par les persécutions des faux philosophes. Le pape deviendra le captif de ses sujets. L'Eglise de Dieu sera soumise au tribut et dépouillée de ses biens temporels. Après un*

Dans les œuvres du bienheureux Joachim de Corrazo, qui vivait vers 1,200, se trouve une gravure en forme de roue, qui porte pour titre : *Un siècle de révolution*. Or cette gravure s'applique admirablement à notre siècle ; elle montre la fin triomphante de celui-ci sous l'action puissante du pape.

La vénérable Dominique Patri dont nous avons cité la prophétie, entendit le 23 février 1797 notre divin Rédempteur, lui annoncer qu'un épouvantable châtiment menaçait la terre, et lui répéter à deux reprises : « Cent années ne s'écouleront pas. »

Notre calcul est donc absolument confirmé. Et s'il ne détermine pas la date d'une manière plus précise, s'il la laisse flottante entre 1894 et 1899, c'est que le

---

peu de temps, il n'y aura plus de pape. Un prince de l'Aquilon (ou du Nord) parcourra l'Europe avec une grande armée ; il renversera les Républiques et exterminera tous les rebelles. Son épée, tenue par Dieu, défendra vigoureusement l'Eglise du Christ, exaltera la foi orthodoxe et soumettra l'empire de Mahomet. Un nouveau pasteur, celui de la fin, appelé du rivage par un signe céleste, viendra, dans la simplicité de son cœur et la science du Christ, et la paix sera rendue au siècle.... »

— En 1855, en pleine guerre de Crimée, rien absolument ne pouvait faire prévoir les événements dont, quatre ans plus tard, l'Italie serait le théâtre. Tenons-nous en à cette date de 1855 ; nous voyons déjà accomplis en partie les événements annoncés. — 1848. (*Ante medium seculi XIX.*) La seconde République française et le contre-coup qu'en ressentit toute l'Europe. — 1860-1865. La violente polémique soulevée dans la presse par les adversaires du pouvoir temporel (*Obsessiones pseudo-philosophorum*). — 1870. Le pape captif (*Papa à suis captivabitur*). La troisième République, le massacre des otages (*Occidentur optimates, ecclesiastici*). L'assassinat de l'empereur de Russie et de Sadi-Carnot. (*Reges*). La persécution religieuse en Italie et en France (*regulares sua cœnobia deserent*). Le choléra et les tremblements de terre en Espagne, en Italie, en France et à Constantinople (*pestilentia et terræ motus devastabunt civitates*).

Voilà toute une partie de la prédiction qui, de la première moitié du XIXe siècle à l'heure où nous sommes, s'est accomplie à la lettre. Les événements qui suivent devront trouver place entre l'année 1894 et la fin du XIXe siècle, puisque c'est à ce siècle que la paix doit être rendue (*pax erit reddita seculo*).

nombre « plus de 35 » qui lui sert de base n'est pas plus précis. Mais nous arriverons par une autre voie à préciser, sinon avec certitude au moins avec une très grande probabilité, l'année, le mois et même le jour.

2° DATE PRÉCISE ET TRÈS-PROBABLE

Par les rapprochements historiques et coïncidences.

C'est l'usage des interprètes des Saintes Ecritures de faire ressortir dans les textes un grand nombre de coïncidences harmonieuses. Ces harmonies ne sont pas fortuites mais providentielles. Est-il invraisemblable qu'il y en ait aussi dans les prophéties privées ? Evidemment c'est le contraire qui serait invraisemblable ; car ce n'est pas parce qu'elle est *de foi* qu'une prédiction est pleine d'harmonies, c'est parce qu'elle est *de Dieu*. Eh bien, de nombreuses coïncidences harmonieuses militent pour que l'heure de la justice et du triomphe arrive à la date précise du 19-20 septembre 1896.

Coïncidences qui concernent l'année 1896

A. — L'année 1896 sera celle du quatorzième centenaire du baptême de Clovis et de ses Francs.

Nous avons vu que de nombreuses prophéties associent la France au triomphe de l'Eglise, et un grand roi français au grand pape qui présidera au renouvellement du monde. C'est le fond de toutes les traditions, le dernier mot de toutes les prophéties, l'espérance de tous les cœurs qui aiment l'Eglise et sa Fille aînée. C'est même la loi providentielle et séculaire du « Christ qui aime les Francs ». Donc, quelle magnifique coïncidence si le triomphe a lieu en 1896 ! Quel admirable enchaînement des desseins providentiels se révèle à nos regards ! De même que Dieu appelle la France, l'an 496, sur le champ de bataille de Tolbiac, pour être le soldat du Christ et de la civilisation chrétienne ; de même qu'elle devient, l'an 496, la Fille aînée de l'Eglise au baptistère de Reims; ainsi, quatorze siècles plus tard, Dieu, voulant relever l'Eglise de ses ruines et de son deuil, de l'apostasie de ses enfants, rappelle encore sur un champ de bataille la France son soldat, sur un champ de bataille comme celui de Tolbiac, c'est-à-dire dans une guerre contre l'Allemagne, il la rappelle pour être encore et toujours le soldat du Christ et de la civilisation chrétienne, toujours la Fille aînée de l'Eglise, et cela au quatorze centième anniversaire de son premier baptême !

B. — L'année 1896 en outre sera le huitième centenaire de la première croisade, cette puissante manifestation de la chrétienté dont la plus belle part appartient à la France, qui n'a jamais mieux justifié le mot *Gesta Dei per Francos*, titre même donné au récit de la première croisade par son historien contemporain, Guibert de Nogent. Donc encore quelle admirable et providentielle coïncidence, que, l'année du centenaire, ait lieu l'écrasement, et par les Francs, de l'infernale coalition des forces de l'impiété contre l'Eglise ! Qu'en 1896, comme il y a huit siècles, quand nos pères partaient pour abattre l'empire du Turc, les gestes de Dieu par les Francs montrent à la société qui s'écroule, comment l'amour de la patrie céleste apprend à sauver les patries de la terre ! (1)

---

(1) On se fait difficilement une idée aujourd'hui de ce prodigieux mouvement de la chrétienté, dont l'élan partait de la France, pour la 1re croisade, en cette année mémorable 1096.

Le 8 mars, 60,000 pélerins devançaient le terme fixé pour le départ des armées régulières. — Peu après, 80 à 100,000

C. — On pourrait encore observer que 1896 sera l'année où se termineront (on l'espère du moins au Bulletin du Vœu national) la construction de la Basilique de Montmartre. Or la dédicace de ce temple répond à l'une des trois demandes que Notre Seigneur faisait au roi de France, il y a deux siècles, lui promettant, en retour, la prédominance de notre pays sur toutes les nations (1).

Il y a d'autres harmonies encore :

D. — L'année 1896 est la seule de la période des cinq ans où la fête de N. D. des Sept Douleurs coïn-

---

hommes partaient sous les drapeaux de Pierre l'Ermite. — Le 15 août, Godefroi de Bouillon se mettait en marche avec 70,000 fantassins et 10.000 cavaliers. Les premiers jours de septembre, s'ébranlait la grande expédition française, sous le commandement du comte de Vermandois, Hugues le Grand, frère du roi.— Boémond et Tancrède suivaient de près avec 10,000 cavaliers et 20.000 fantassins. — Et même à la fin d'octobre, malgré l'approche de l'hiver, partait Raymond IV, comte de St-Gilles et de Toulouse.

Comme on le voit, tous ces chefs, à l'exception de Boémond, duc de Tarente, étaient des Français. On conçoit que Guibert de Nogent écrivant l'histoire de la 1re croisade l'ait intitulée « Gesta Dei per Francos. » Et quelle foi, quelle ardeur toute française dans ces centaines de mille hommes qui, à peine leurs préparatifs terminés, allaient à la délivrance de Jérusalem au cri de *Dieu le veut* !... presque sans l'espoir de revoir leurs foyers !...

(1) Notre Seigneur avait fait demander, mais vainement, à Louis XIV trois choses : Une consécration nationale au Sacré-Cœur ; que l'étendard national porte l'image du Sacré-Cœur ; et un temple national au Sacré-Cœur. — La consécration, Louis XVI enfermé au Temple en fit le vœu. C'était trop tard : il n'exerçait plus l'autorité souveraine. Mais depuis, tous les diocèses de France, toutes les familles chrétiennes ont fait cette consécration. — L'étendard a été arboré par les zouaves pontificaux sur les champs de bataille de 1870 et il deviendra dans la lutte suprême celui de la France. — Il ne reste donc que l'achèvement du temple national pour que Jésus-Christ accomplisse ses promesses.

cidera, comme en 1846, avec la date de l'apparition. Or nous verrons plus loin, que le grand événement aura lieu à la même date. La coïncidence de la fête en 1896 sera donc une harmonie de plus, et fort belle, car l'harmonie de la fête l'emporte encore sur celle de la date. N'est-ce pas la fête surtout qui s'harmonise avec la tristesse, les larmes de N. D. de la Salette et avec les malheurs qu'elle annonçait ?

Nous n'en finirions pas si nous voulions nous étendre sur chacune de ces convenances providentielles qui désignent l'année du Grand Coup ; nous ne faisons que les signaler brièvement.

E. — En 1896 il y aura 50 ans que N. D. de la Salette est venue annoncer le grand événement. Et comme nous prouverons qu'il aura lieu dans le même mois et au même quantième, il y aura donc en 1896 cinquante ans *jour pour jour*. Or les périodes en nombres ronds sont ordinaires dans les prédictions divines. Le déluge est arrivé 100 ans après les menaces.... Les Hébreux furent condamnés à errer dans le désert pendant 40 ans.... à être captifs à Babylone 70 ans.... Le Christ ensuite fut attendu 70 semaines d'années, etc..... Quand les malheurs de la monarchie sont-ils tombés sur Louis XVI ? Un siècle juste après les *deux* avertissements du Sacré-Cœur dédaignés par Louis XIV : un siècle *jour pour jour*, paraît-il, après chacun des deux avertissements! Quand les malheurs de la guerre et de la Commune, en 70-71 ? Quarante ans après les prédictions de Catherine Labouré.... Quand la chute si *vite faite* de Napoléon III ? Dix ans *jour pour jour* après cette parole dite à Nice à Cialdini qui lui demandait l'autorisation d'écraser l'armée pontificale : « Allez, mais faites vite ! » Ainsi les leçons de la Providence et les prophéties affectent des périodes rondes, des nombre ronds d'année entre la prédiction et la réalisation, entre le crime et son éclatante expiation (1). Or de 94 à 99 l'année 1896 est la seule qui nous donne une période de ce genre.

Remarquons encore que le terme admis sera le terme exact d'un grand jubilé de 50 ans pour ce grand jubilé de la délivrance.

F. — En 1896, faut-il le dire ? naîtra la mère de l'antechrist, selon les prédictions diaboliques. Aussi cette naissance est-elle attendue chez les Lucifériens avec autant d'impatience que l'était jadis chez le peuple de Dieu celle de l'Immaculée qui écrase sous son pied la tête du Serpent. Non seulement l'année, mais le mois et le quantième sont indiqués ; et l'aïeule est désignée par son nom. Officiellement prévenus de l'approche du règne de l'antechrist, les Lucifériens tiennent pour un dogme que sa mère

---

(1) Au moment de mettre sous presse on nous fait remarquer que l'infortuné Président de la République a été poignardé à Lyon au lendemain du *centenaire* du décret signé par son aïeul, le grand Carnot, pour les massacres et la *destruction de Lyon* : « Lyon fit la guerre à la liberté, disait le décret, Lyon n'est plus. »

On sait que nulle part la Terreur n'entassa plus de ruines que dans cette malheureuse cité où l'expiation une terrible expiation vient d'avoir lieu..... Il faudrait avoir une confiance bien aveugle au hasard pour ne rien voir de providentiel dans cette coïncidence. Et ce n'est pas tout. A l'endroit même où s'élève cette préfecture où Sadi Carnot a rendu le dernier soupir, il y avait à cette époque-là une grande prairie. Dans cette prairie on amenait par troupeaux les Lyonnais. On les attachait par les mains à des cordes tendues et on les mitraillait. L'implacable loi providentielle a donc amené le petit fils innocent pour le faire tomber à l'endroit même où tombèrent tant d'innocentes victimes de son aïeul.

Ajoutons que son aïeul s'excusait et excusait les autres régicides d'avoir voté la mort de Louis XVI *par crainte du poignard.*

Le poignard a fait son œuvre....

naîtra, de la Grande Maîtresse templière Sophia Walder, le 29 Septembre 1896.

Qu'on n'objecte pas que Satan ne connait point l'avenir avec certitude. Il suffit pour la coïncidence qu'il le pressente ; il suffit qu'il redoute cette année ou qu'il la désire ; il suffit, en un mot, que cette année ne soit pas pour lui une année ordinaire. Or, cela il l'a dit : c'est dans les Ecritures Sataniques... Et s'il se trompe dans un détail si important, précisé par lui, dont la non réalisation ruinerait la foi qu'ont en lui ses adorateurs, s'il s'aventure d'affirmer ce fait carrément, c'est qu'il croit ne pas se tromper (1).

Encore une fois, que penser de toutes ces coïncidences qui se donnent rendez-vous en l'année 1896 ?... Elles vont encore être fortifiées de celles qui regardent le mois et le quantième.

Coïncidences qui concernent le 19-20 Septembre

Depuis l'apparition ce mois et ce quantième sont

(1) Satan ne connaît point avec certitude l'avenir qui dépend de Dieu ou du libre arbitre de l'homme, mais ne peut-il connaître avec certitude certains grands événements dans lesquels il doit jouer un rôle considérable ; ne peut-il connaître avec certitude certaines dates de *son règne* ? La Sainte Ecriture semble dire positivement le contraire : « *Descendit diabolus...* **sciens** *quod modicum tempus habet.* » Et elle ajoute que Dieu lui-même lui donnera vers la fin des temps le pouvoir de faire de grandes merveilles, *signa magna*, ce qui ne semble pas, assurément, exclure les prophéties (Voir l'Apoc. xiii. 7, 13, 14 et suiv.) — D'ailleurs, connaissant les prophéties divines de tous les siècles, et les interprétant avec la puissance surhumaine de son intelligence, quand il ne veut pas se tromper, il répète ce que Dieu a dit. Le diable est le menteur par excellence, gardons-nous donc de nous fier à une prophétie inspirée par lui ; mais si sa prophétie est d'accord avec une prédiction divine, alors c'est qu'il n'a pas le pouvoir de mentir ou n'a pas intérêt à le faire et l'on entend l'écho fidèle de la voix céleste.

devenus fatidiques. On dirait que c'est la date des luttes de l'enfer contre le ciel. Nous allons le voir ; mais remarquons de suite comme nous l'avons fait incidemment plus haut, que cette date aura l'avantage, en 1896, de tomber pour la même fête qu'en 1846, et également un samedi, jour de la Sainte Vierge. Maintenant, pour prouver que cette date de l'apparition est devenue celle des vengeances sataniques il suffit d'ouvrir l'histoire.

G. C'est le 18-20 septembre 1860 qu'eut lieu le guet-apens de Castelfidardo.

H. C'est le 20 septembre 1869 que l'ex-Père Hyacinthe donna le scandale de son apostasie et de sa fameuse lettre au *Temps*.

J. C'est le 20 septembre 1870 qu'Albert Pike fonda à Charleston et mit en œuvre pour préparer le règne de l'Antechrist le rit Palladique ; c'est-à-dire, que la haute maçonnerie se constitua définitivement avec un chef *dogmatique*, un suprême Grand Directeur, un *Souverain pontife luciférien !*

K. C'est ce même 20 septembre 1870 que, non par une coïncidence fortuite mais par une intervention directe de Satan connue de la façon la plus certaine, les Piémontais se sont emparés de Rome et ont proclamé l'abolition du pouvoir temporel des Papes.

L. Le 20 septembre est célébré comme fête maçonnique depuis 1887.

M. C'est encore les 18-20 septembre que les Prussiens sont arrivés sous les murs de Paris en 1870 et en ont commencé le siège ; et que la France fut visiblement associée par des châtiments aux douleurs de l'Eglise qu'elle abandonnait. (1)

---

(1) Mélanie elle-même en sa qualité de Messagère de Notre-Dame de la Salette eut à supporter à cette date

N. — Enfin, l'an dernier, à quelle date la franc-maçonnerie nous a-t-elle jeté à la face son plus insolent défi, son plus insolent triomphe ? A quelle date a-t-elle transféré de Charleston à Rome le siège suprême de son infernale secte, et a-t-elle pris avec éclat possession de la ville des Papes ? A quelle date a-t-elle nommé pape de Lucifer le juif Adriano Lemmi (1) le renégat circoncis en 1846 (1846, l'année de l'apparition de la Salette, comme si le ciel voulait multiplier les coïncidences), à quelle date a-t-elle nommé pape luciférien, en face du Vatican, ce malfaiteur public qui avait été condamné à Marseille, en 1844, à un an et un jour de prison pour vol et escroquerie, et l'a-t-elle installé avec un luxe oriental dans le splendide palais Borghèse, aux salons de

---

fatidique les attaques toutes spéciales des ennemis de sa Mission :

C'est le *20 septembre 1854* que sous de faux prétextes, et par le moyen de mensongères promesses, on l'éloigna de France pour l'enfermer à Darlington, en Angleterre, dans un couvent de Carmélites. C'est vers le *20 septembre 1860* qu'elle s'en échappa, malgré toutes les oppositions possibles, pour remplir « la mission qu'elle avait reçue qu'elle ne pouvait décliner », disait-elle. Elle arriva à Marseille le 28 septembre.

C'est du *4 au 24 septembre 1880* qu'on vit défiler dans les revues et journaux de France toutes ces attaques contre son Secret qui obéissaient à un mot d'ordre et « ressemblaient à une véritable conspiration contre le fait culminant de notre époque, contre le nouveau Sinaï ! »

Enfin, de toutes ces attaques la plus violente la plus obstinée fut celle de la *Semaine Religieuse* d'Amiens, qui se produisit le *19 septembre* !

(1) Ce Lemmi a dit cette parole caractéristique : « Si je n'étais Italien je voudrais être Prussien, mais Prussien ou Italien je hais profondément Dieu et la France. » — Satan ne dirait pas mieux ; et à ce point de vue c'est consolant pour la Fille aînée de l'Eglise. En attendant les Ventes italiennes acclimatent le poignard des régicides sous toutes les latitudes (Note du 25 juin 1894).

Paul V?... Toujours le 20 *septembre!* Or, par cet acte audacieux une guerre formidable a commencé, un assaut plus formidable que jamais va être donné à la papauté... Ne serait-ce pas une juste réponse du ciel, la plus admirable, la plus naturelle, ne serait-ce pas la plus harmonieuse des coïncidences que ce fatidique quantième des œuvres sataniques fût enfin celui de la justice de Dieu, et qu'après avoir été la date des miséricordieux avertissements il marquât le terme de sa patience ?... (1)

Je ferai remarquer, en terminant, une dernière coïncidence : la date obtenue par ces rapprochements pleins d'harmonie est celle qui traduit plus littéralement le texte de la prophétie. En effet « plus de 35 ans », c'est comme si l'on disait de 35 à 40, dont la moyenne est 37 1/2 ; or, les châtiments commencés au printemps de l'année 1859, auront précisément duré 37 ans et demi, le **19-20 septembre 1896**.

Si rapprochée que soit cette date probable, les événements qui doivent précéder le Grand Coup (2),

---

(1) Pourquoi le vénérable Père Bernard Clausi, dont nous avons mentionné l'importante prophétie, et à qui le Seigneur cependant n'avait révélé ni l'année ni l'époque où ces grandes choses arriveront, ajoutait-il d'une manière *très-secrète* à la Mère Laudi : « Souvenez-vous de ce que je vous ai dit en ce jour, jour de Notre-Dame de Compassion ? » — J'ajoute, dit la Mère Laudi, que ce jour était le 3e dimanche du mois de septembre, fête de Notre-Dame des Sept Douleurs. Que signifiait le soulignement très secret de cette même date qui nous est indiquée par tant de coïncidences ?

(2) D'après d'autres prophéties, d'ici au Grand Coup :

1. L'Italie et l'Espagne seront en République (l'abbé Souffrant). — Le fils de Victor Emmanuel sera détroné (Rosa Azdente).

2. L'Angleterre éprouvera une révolution plus terrible que la révolution française (P. Nectou).

3. L'année qui le précédera sera très mauvaise. Celle au

et qui semblent demander plusieurs années, auront tout le temps de se produire durant ces 25 mois qui nous en séparent car les fléaux arriveront *comme à la course.* Le déluge n'a mis que quelques jours pour submerger l'ancien monde. La dernière plaie d'Egypte n'a mis qu'une nuit pour frapper de mort tous les premiers nés et délivrer le peuple de Dieu de l'esclavage. Il ne faudra donc pas des années pour punir l'impiété et délivrer l'Eglise du Christ de la servitude des francs-maçons ; il ne faudrait pas même six mois de ce nouveau déluge de feu et de sang pour tout détruire, si des conversions nombreuses, les prières, les pénitences de tous, la charité surtout de ceux qui doivent se placer entre l'autel et le peuple, n'obtiennent la mitigation des châtiments.

Au dernier moment, certes, on priera, on pleurera ; « Les prières des justes, dit Notre-Dame de la Salette, leurs pénitences et leurs larmes monteront jusqu'au ciel et tout le peuple de Dieu demandera pardon et miséricorde. » Aussi, « quand la poussière qui s'élèvera sous les pieds de tant d'armées, qui sortira de l'écroulement de tant de monuments sera

---

contraire où il aura lieu offrira une récolte magnifique (Marie des Brotteaux).

4. « Les fils de Sion se partagent en deux camps : l'un fidèle au Pontife fugitif, et l'autre qui dispose du gouvernement de Sion... et qui place la tiare mutilée sur une tête ardente... et la confusion est dans le sanctuaire. » (Prophétie de Prémol).

5. Ce sera au moment du crime (attentat contre la papauté ?) que les choses changeront de face (Religieuse d'Autriche).

On pourrait multiplier ces citations. Mais les prédictions les plus authentiques demandent, du voyant lui-même, une si grande attention pour être entendues, qu'il serait insensé de faire fond sur des particularités dont le texte n'est peut être pas exact.

tombée, quand les tourbillons de fumée qui s'échapperont de tant de villes en flammes seront dissipés ; quand la mort aura fait taire les gémissements de tant de victimes ; » quand au cri « tout est perdu » un écho du ciel aura répondu « tout est sauvé ! » alors, on apercevra la Croix, et au pied de cette croix un monde nouveau, et on chantera un *Te Deum* comme on n'en a jamais chanté « *Hi levabunt vocem suam atque laudabunt cum glorificatus fuerit Dominus.* » Les prêtres, l'Evangile à la main, parcourront ces ruines ; ressusciteront la société chrétienne plus belle, plus universelle qu'elle fut jamais. « *A finibus terræ laudes audivimus, gloriam Justi.* »

CONCLUSION

Pourquoi cette longue étude ? La satisfaction de notre curiosité ? Avouons-le, si ce n'est pas le but unique, ni même principal, nous ne l'avons pas exclu, et rien ne nous y obligeait. C'est un avantage appréciable que de savoir où va la société. Donoso Cortès avec son génie ne le savait pas : « La société, disait-il, est blessée à mort... Elle a bu le poison qui la tue, l'impiété ; elle tombe en putréfaction. *J'ignore*, ajoutait-il mélancoliquement, le remède universel que Dieu tiendra prêt pour cette universelle pourriture. » Tandis que les plus habiles avouent aujourd'hui n'en rien savoir, en étudiant (je ne dis pas en lisant) les prophéties nous l'avons appris et pouvons nous préparer aux événements.

Etudier les prophéties, désirer les comprendre cela plaît à Dieu. « Je suis venu, disait l'archange Gabriel au prophète Daniel qui étudiait la prophétie de Jérémie et cherchait à la comprendre, pour vous instruire et vous donner l'intelligence. Dès le commencement de votre prière j'ai reçu cet ordre et je suis venu pour vous découvrir toutes choses, parceque vous êtes un homme de désirs : soyez donc attentif à ce que je vais vous dire et comprenez cette vision. *Nunc egressus sum ut docerem te et intelligeres* etc... » (Daniel ch. IX. 22. 23.) Ce texte, d'un bout à l'autre est la condamnation de ceux qui se plaignent de ce que les prophéties ne sont pas intelligibles à simple lecture et qu'elles exigent une étude. Bien plus, l'apôtre saint Pierre nous dit que les anciens Prophètes devaient *étudier* pour pénétrer les révélations qui leur étaient **faites à eux-mêmes** : « *Scrutantes in quod vel quale tempus significaret in eis Spiritus Christi.* » (I. Pet. I. 11).

Mais l'étude présente, outre les lumières qu'elle nous donne sur l'avenir n'aura-t-elle pas un autre résultat supérieur qui découle du premier ? Elle doit nous faire sortir de cette torpeur mortelle qui n'est pas de la confiance en Dieu... Elle doit nous faire marcher par la voie étroite qui mène à la vie... afin qu'au moment où éclatera le coup de tonnerre épouvantable annonçant que Dieu va commencer sa justice, ces divins avertissements nous consolent, « *Per consolationen Scripturarum spem habeamus.* » Dans ces jours de désespérance où aucune prévision humaine, aucun secours humain ne pourront donner l'énergie de se résigner à de si grands malheurs, l'étude humble et pieuse des prédictions de la Très Sainte Vierge fera trouver cette énergie, et la reconnaissance envers Dieu et l'amour ; parceque, au lieu de ne regarder que la terre et les hommes, on traversera ce déluge de maux les yeux levés au ciél : « *Respicite et levate capita vestra : quoniam appropinquat redemptio vestra.* » (Luc, XXI, 28).

APPENDICE

I

SECRET DE MAXIMIN

Le berger de la Salette est mort sans publier son secret. Les quelques particularités qu'on en connait ont été transmises verbalement : il a pu s'y glisser des inexactitudes. Le texte authentique n'est qu'au Vatican. Maximin aurait dit : « Les deux tiers de la France perdront la foi, le troisième tiers la conservera mais mollement. » La Sainte Vierge aurait annoncé aussi, paraît-il, que la Russie et la Chine se convertiront.

Ce que l'on sait d'une manière certaine, c'est que son secret était plus court et moins terrible que celui de Mélanie. Quand le 18 juillet 1851, les délégués de Mgr de Grenoble remirent les deux Secrets à Pie IX, le Saint Père lut d'abord celui de Maximin. « Il y a ici la candeur et la simplicité d'un enfant, » dit-il, après cette lecture. Et quand il eut pris connaissance de celui de Mélanie, il devint fort triste, et dit : « Ce sont des fléaux qui menacent la France... » C'est là, avec une annonce qui a eu son entier accomplissement, tout ce que l'on sait de plus certain sur le secret de Maximin.

Cette annonce parfaitement connue d'avance c'est que l'archevêque de Paris devait être fusillé en 1871. Maximin fut amené un jour à le dire à Mgr Darboy lui-même qui en éclata de rire. Voici en quelles circonstances :

« En 1867, aux fêtes de la canonisation des saints Japonais, Mgr Darboy alors archevêque de Paris, rencontra Maximin, l'enfant de la Salette, devenu un homme, et à Rome lui-même à cette époque. L'illustre prélat eut une entrevue d'une gravité étonnante avec le témoin de l'apparition, dont M. Petit, Vicaire Général de Paris, fut le témoin auriculaire et qu'il a racontée à un de ses amis.

Abordant de front le fait de la Salette, Mgr Darboy dit à Maximin :

— Voyons, Maximin, jusqu'alors vous avez joué un rôle singulier qui a pu tromper la foule ; sûrement vous n'y croyez pas vous-même à ce rôle de voyant !

— Comment, Monseigneur, vous oseriez mettre ma foi en suspicion ? Si, si, je crois à la Salette !

— J'admets volontiers que votre récit ait fait du bien ; maintenant que vos intentions sont réalisées, avouez, entre nous, Maximin, que vous ne croyez pas à ce que vous avez raconté ! Il est temps que cette comédie cesse.

— Monseigneur, répondit avec force Maximin blessé, il est aussi vrai que la Dame de la Salette m'est apparue et m'a parlé qu'il est vrai qu'en 1871 vous serez fusillé par les communards !

Et Monseigneur Darboy d'applaudir en riant.

En ce temps là quelques années seulement nous séparaient de la Commune et de ses forfaits ; mais les esprits étaient loin, bien loin de ce règne de la terreur. L'empire était debout et glorieux, et Monseigneur Darboy pouvait croire à une autre fin que celle qui lui était annoncée. Le souvenir de cette prophétie parut même ne laisser aucune trace dans l'esprit du prélat.

Nous sommes dans l'année terrible. L'ennemi a envahi la France sur les cadavres de nos soldats tombés sous les balles d'une armée supérieure en nombre. L'émeute a triomphé dans Paris et les frères se massacrent cruellement, en présence des Prussiens triomphants. Monseigneur l'archevêque de Paris est arrêté à la tête des gens honnêtes de la capitale, à la tête des religieux et des prêtres dont le sang innocent coulera bientôt.

L'archevêque est à la conciergerie : puis il est transféré à la Roquette ; et la prophétie de Maximin ne semble pas revivre dans son cœur. Il avait confiance toujours dans ceux qu'il s'obstinait à appeler ses enfants. Mais l'ordre arriva de conduire l'archevêque à Mazas. C'était le lever du rideau qui laissait voir la mort à bref délai.

En route pour Mazas, Monseigneur Darboy frappa tout-à-coup de sa main l'épaule de son compagnon de voyage et lui dit :

— Eh bien ! Monsieur Petit, vous rappelez-vous notre entretien avec Maximin en 1867, et la prophétie qu'il nous fit ? Nous y sommes !

On sait le reste : Monseigneur l'Archevêque tomba sous les balles des cannibales qui terrorisaient Paris. »

(Annales de l'Archiconfrérie Réparatrice).

La certitude de ce récit ressort du témoignage de M. Petit, vicaire général de Mgr. Darboy. Mais il est bon d'appuyer de toutes les preuves possibles l'authenticité d'un document de cette importance. Or nous savons qu'un ami d'enfance du berger de la Salette a raconté, vers 1873, aux Sœurs de l'Hôpital de Vichy, que Maximin lui avait dit à lui-même en 1866 au cours d'une discussion sur l'apparition : « Il est si vrai que j'ai vu la belle Dame qu'il est vrai que l'Archevêque de Paris sera fusillé *dans cinq ans* ! » — D'autre part, M. Nicolas a écrit dans sa « Nouvelle Défense du Secret de la Salette » que Maximin lui a raconté à lui-même à Corps, en juillet 1873, qu'il eut une discussion semblable avec Mgr Darboy, à l'archevêché de Paris en 1868.

II

SUITE ET FIN DU SECRET DE MÉLANIE

« Cette paix parmi les hommes ne sera pas longue.
« Vingt-cinq ans d'abondantes récoltes leur feront
« oublier que les péchés des hommes sont cause de
« toutes les peines qui arrivent sur la terre (1).

---

(1) Comment se pourra-t-il faire que les hommes oublient promptement une si terrible leçon ?... Lucifer qui réussit à se faire adorer dans les arrières loges de la franc-maçonnerie

« Un avant-coureur de l'antechrist, avec ses « troupes de plusieurs nations, combattra contre le « vrai Christ, le seul sauveur du monde. Il répandra « beaucoup de sang, et voudra anéantir le culte de « Dieu, pour se faire regarder comme un Dieu.

« *La terre sera frappée de toutes sortes de « plaies;* outre la peste et la famine, qui seront « générales, il y aura des guerres jusqu'à la dernière « guerre, qui sera alors faite par les dix rois de « l'antechrist, lesquels rois auront tous un même « dessein, et seront les seuls qui gouverneront le « monde (1). Avant que ceci arrive, il y aura une es- « pèce de fausse paix dans le monde. On ne pensera

---

comme le *dieu bon* et l'égal d'Adonaï, le vrai Dieu, qu'il appelle le *dieu mauvais* et accuse d'être l'auteur de toutes les calamités, se servira, sans doute, des ruines qui couvriront la terre pour suggérer à la génération suivante *la haine de Dieu.*

(1) Toutes les prophéties annoncent le règne prochain de l'Antechrist.

La prophétie traditionnelle de la France, celle de S. Rémy à Clovis, dit expressément qu'après le Grand Roi arrivera immédiatement l'antechrist : «.... *Regum maximus, postquam regnum suum feliciter gubernaverit statim Antichristum adfuturum.* » — La prophétie d'Orval le dit aussi. — Le vénérable Holzhauser, dans son fameux commentaire de l'Apocalypse ne parle pas autrement. — Enfin la célèbre prophétie des papes, dite de S. Malachie (XIIe siècle), n'a que dix devises après celle de Léon XIII. Les voici :

1. *Ignis ardens* ; le feu ardent.
2. *Religio depopulata* ; la religion dépeuplée.
3. *Fides intrepida* ; la foi intrépide.
4. *Pastor angelicus* ; le pasteur angélique.
5. *Pastor et nauta* ; pasteur et pilote.
6. *Flos florum* ; la fleur des fleurs.
7. *De medietate lunæ* ; de la moitié de la lune (du croissant).
8. *De labore solis* ; du travail du soleil.
9. *Gloria olivæ* ; la gloire de l'olive.
10. *In persecutione extrema Sacræ Romanæ Ecclesiæ sedebit Petrus Romanus, qui pascet oves in multis tribulationibus ; quibus transactis, civitas septicollis diruetur, et judex tremendus judicabit* (**vel** *vindicabit*) *populum.* Dans la dernière persécution de la sainte Eglise romaine, il y aura un Pierre Romain élevé au pontificat, qui paîtra les ouailles dans de

« qu'à se divertir. Les méchants se livreront à toutes « sortes de péchés. Mais les enfants de la sainte « Eglise, les enfants de la foi, mes vrais imitateurs, « croîtront dans l'amour de Dieu et dans les vertus « qui me sont les plus chères. Heureuses les âmes « humbles, conduites par l'Esprit-Saint ! Je com- « battrai avec elles jusqu'à ce qu'elles arrivent à la « plénitude de l'âge.

« La nature demande vengeance pour les hommes, « et elle frémit d'épouvante, dans l'attente de ce qui « doit arriver à la terre souillée de crimes.

« Tremblez, terre, et vous qui faites profession « de servir Jésus-Christ, et qui, au dedans, vous « adorez vous-mêmes, tremblez, car Dieu va vous « livrer à son ennemi, parce que les lieux saints sont « dans la corruption. Beaucoup de couvents ne sont « plus les maisons de Dieu, mais les pâturages « d'Asmodée et des siens.

« Ce sera pendant ce temps que naîtra l'antechrist, « d'une religieuse hébraïque, d'une fausse vierge « qui aura communication avec le vieux serpent, le « maître de l'impureté. Son père sera évêque. En « naissant il vomira des blasphèmes, il aura des « dents. En un mot, ce sera le diable incarné. Il « poussera des cris effrayants, il fera des prodiges. « Il ne se nourrira que d'impuretés. Il aura des « frères qui, quoiqu'ils ne soient pas comme lui des « démons incarnés, seront des enfants de mal. A 12 « ans, ils se feront remarquer par les vaillantes vic- « toires qu'ils remporteront. Bientôt ils seront, « chacun à la tête des armées, assistés par des « légions de l'enfer.

« Les saisons seront changées, la terre ne pro- « duira que de mauvais fruits. Les astres perdront « leurs mouvements réguliers ; la lune ne reflètera « qu'une faible lumière rougeâtre. L'eau et le feu « donneront au globe de la terre des mouvements

---

grandes tribulations ; ce temps fâcheux étant passé, la ville aux sept collines sera détruite, et le juge redoutable jugera (**vengera**, d'après un vieil exemplaire de cette prophétie antérieur au 16e siècle) son peuple.

« convulsifs et d'horribles tremblements de terre,
« qui feront engloutir des montagnes, des villes,
« etc.

« Rome perdra la foi et deviendra le siège de
« l'antechrist.

« Les démons de l'air, avec l'antechrist feront de
« grands prodiges sur la terre et dans les airs, et les
« hommes se pervertiront de plus en plus. Dieu
« aura soin de ses fidèles serviteurs et des hommes
« de bonne volonté. L'Evangile sera prêché partout.
« Tous les peuples, toutes les nations auront con-
« naissance de la vérité.

« J'adresse un pressant appel à la terre. J'appelle
« les vrais disciples du Dieu vivant et régnant dans
« les Cieux. J'appelle les vrais imitateurs du Christ
« fait homme, le seul et vrai Sauveur des hommes,
« j'appelle mes enfants, mes vrais dévots, ceux qui
« se sont donnés à moi pour que je les conduise à
« mon divin Fils, ceux que je porte, pour ainsi dire,
« dans mes bras, ceux qui ont vécu de mon Esprit;
« enfin j'appelle les apôtres des derniers temps (1),

---

(1) Ces apôtres des derniers temps avaient été annoncés, déjà au siècle dernier, par le bienheureux Grignon de Montfort. — En 1256, N. S. avait révélé à sainte Melchtide, dominicaine, qu'à la fin des temps il s'élèverait des hommes d'un nouvel ordre religieux qui surpasseraient tous les prédicateurs des temps antérieurs par leur sagesse, leur puissance et leur ferveur, à cause de la tribulation dernière qui, à cette époque, bouleversera l'Eglise : « *Tunc exurgent homines novæ religionis qui istos prædicatores sapientia, potentia et fervore spiritus superabunt propter ultimam tribulationem quæ tunc Ecclesiam perturbabit.* » Et il est écrit en marge de ce passage : « Ils prêcheront en paix la parole de Dieu pendant trente années ; et puis arrivera l'Antechrist. *Triginta annis prædicabunt verbum Dei ; postea veniet Antichristus.* »

M. l'abbé Renaud, docteur en droit canonique, auteur d'une excellente brochure « Le Fait de la Salette » imprimée en 1893, dit que cette œuvre essentiellement sacerdotale dont la S. Vierge a donné les règles le 19 Septembre 1846, se développe en ce moment.

Ce qui est certain c'est que, sur la demande de Léon XIII, ces règles ont été écrites à Rome par Mélanie à la fin de

« les disciples fidèles de Jésus-Christ, qui ont vécu « dans un mépris du monde et d'eux-mêmes, dans « la pauvreté et dans l'humilité, dans le mépris et « dans le silence, dans l'oraison et dans la mortifi- « cation, dans la chasteté et dans l'union avec Dieu, « dans la souffrance et inconnus du monde. Il est « temps qu'ils sortent et viennent éclairer la terre. « Allez et montrez-vous comme mes enfants chéris. « Je suis avec vous et en vous pourvu que votre foi « soit la lumière qui vous éclaire dans ces jours de « malheur. Que votre zèle vous rende comme des « affamés pour la gloire et l'honneur de Jésus-Christ. « Combattez, enfants de lumière, vous, petit nombre « qui y voyez, car voici le temps des temps, la fin « des fins.

« L'Eglise sera éclipsée, le monde sera dans la « consternation. Mais voilà Hénoch et Elie remplis « de l'esprit de Dieu, ils prêcheront avec la force de « Dieu, et les hommes de bonne volonté croiront en « Dieu, et beaucoup d'âmes seront consolées ; ils « feront de grands progrès par la vertu du Saint- « Esprit, et condamneront les erreurs diaboliques « de l'antechrist.

« Malheur aux habitants de la terre ! Il y aura des « guerres sanglantes et des famines ; des pestes et « des maladies contagieuses. Il y aura des pluies « d'une grêle effroyable d'animaux, des tonnerres « qui ébranleront des villes, des tremblements de « terre qui engloutiront des pays. On entendra des « voix dans les airs. Les hommes se battront la tête « contre les murailles. Ils appelleront la mort, et

---

1878. C'est à cette époque que le pape reçut d'elle le Secret tout entier, puis, au mois d'avril 1879 les Constitutions écrites du nouvel Ordre religieux. Le 20 août, N. D. de la Salette était solennellement couronnée au nom de Sa Sainteté. Le 15 novembre, Mélanie publiait son Secret revêtu de l'Imprimatur de Mgr. Zola, évêque de Lecce.

C'est à cause de ces règles révélées par la T. S. Vierge, que le Saint-Père a différé l'approbation des règles que le R. P. Berthier était venu à la même époque lui proposer pour l'ordre définitif des Missionnaires de la Salette.

« d'un autre côté la mort fera leur supplice ; le sang « coulera de tous côtés. Qui pourra vaincre, si Dieu « ne diminue le temps de l'épreuve ? Par le sang, les « larmes et les prières des justes Dieu se laissera « fléchir. Hénoch et Elie seront mis à mort. Rome « païenne disparaîtra, et le feu du ciel tombera et « consumera trois villes. Tout l'univers sera frappé « de terreur, et beaucoup se laisseront séduire parce « qu'ils n'ont pas adoré le vrai Christ vivant parmi « eux. Il est temps ; le soleil s'obscurcit ; la foi « seule vivra !

« Voici le temps, l'abîme s'ouvre. Voici le roi des « rois des ténèbres. Voici la bête avec ses sujets, se « disant le sauveur du monde. Il s'élèvera avec or- « gueil dans les airs pour aller jusqu'au Ciel. Il sera « étouffé par le souffle de saint Michel Archange. Il « tombera, et la terre qui, depuis trois jours sera en « de continuelles évolutions, ouvrira son sein plein « de feu. Il sera plongé pour jamais, avec tous les « siens, dans les gouffres éternels de l'enfer. Alors « l'eau et le feu purifieront la terre, et consumeront « toutes les œuvres de l'orgueil des hommes, et tout « sera renouvelé. Dieu sera servi et glorifié. »

Ensuite la Sainte Vierge donna à Mélanie la Règle du nouvel Ordre religieux des Apôtres des derniers temps.

Après avoir donné la Règle de ce nouvel ordre, « la Belle Dame » continua le discours public qui avait précédé les deux Secrets : elle fit des promesses si les hommes se convertissaient, recommanda de prier soir et matin, de sanctifier le jour de Dieu, d'observer la loi de l'abstinence, et termina son discours par ces paroles qu'elle répéta deux fois :

« Eh bien ! mes enfants, vous le ferez passer à tout mon peuple. »

TABLE DES MATIÈRES

DU MÊME AUTEUR :

Pour paraître prochainement

Dissertation sur l'origine, les progrès et la ruine des vertus naturelles ou surnaturelles, infuses ou acquises. 150 pages in-8°

Dissertation sur le Panthéisme moderne : exposition et réfutation directe et indirecte. 1 vol. in-8° de 200 pages.

Fragmenta theologica : An ex ordine logico demonstrari possit existentia Dei. — De scientiâ divinâ — De possessione Dei beatificâ. 1 vol. in-8°.

Pendant le tirage de cette brochure, un événement épouvantable est venu confirmer douloureusement les prédictions dont l'accomplissement, disions-nous, était proche.

Constantinople *a été ébranlé par un* **tremblement de terre** *les 10, 11, 12 et 13 juillet. Après quatre jours de trêve une nouvelle secousse s'est produite avant-hier, 18.*

On parle de plus de cent millions de francs de dégâts. Quant aux victimes il est impossible jusqu'ici d'en connaître le nombre.

Si une seule secousse comme la première, la plus forte, qui dura 40 secondes, se fut reproduite, les désastres, dit-on, seraient incalculables.

Cette ville de 850 milles âmes a donc été un instant menacée de destruction. Plusieurs jours les maisons sont restées désertes : tout le monde campait sous des tentes... Les ravages se sont étendus à des centaines de kilomètres.

Ce sont de terribles leçons dont on profite bien peu... qui donnent malheureusement une consécration de plus à notre interprétation et à nos calculs.

www.ingramcontent.com/pod-product-compliance
Ingram Content Group UK Ltd.
Pitfield, Milton Keynes, MK11 3LW, UK
UKHW012048240726
13965UKWH00003B/1120